スポーツでひろげる国際理解 ④

世界をひとつにする国際大会
～オリンピック・ワールドカップなど

監修：**中西哲生**（スポーツジャーナリスト）

第4巻 世界をひとつにする国際大会

スポーツも近年、経済活動などと同じようにグローバル化が進んでいます。地球の裏側で行われる大きなスポーツ大会（ビッグイベント）をテレビの生中継で見たり、インターネットを利用して、いつでもどこでも世界中の試合が見られるようになってきました。

スポーツの国際大会は、ひとつの競技だけの大会と複数の競技が行われる大会があり、開催年も毎年のものや数年に一度など、さまざまです。ひとつの競技の大会では、テニスのウィンブルドンのように同じ場所で行われる大会、サッカーワールドカップのように毎回ちがう国や地域で行われる大会などがあります。ワールドカップは他のさまざまな競技でも行われ、世界選手権やグランプリとよばれる国際大会もあります。アジア大会や欧州選手権などといった世界の各地域で開かれる国際大会もあります。そのなかで、オリンピックは4年に一度、毎回ちがう国の都市にさまざまな競技が一堂に集まって行われるスポーツの祭典です。

国際大会では、自分もやっている競技をテレビで見たり、好きな選手が出場する競技や試合の情報をインターネットや雑誌で見たりするのも楽しいですね。みなさんの声援は必ず選手たちにとどくはずです。

中西哲生
（スポーツジャーナリスト）

もくじ

1章　世界のビッグイベント

世界の大きなスポーツ大会 ……… 4

2章　サッカーワールドカップ

サッカーワールドカップの歴史 ……… 6
活躍した名選手たち ……… 8
ワールドカップを楽しむ ……… 10
日本代表の戦いの歴史 ……… 12

3章　ラグビーワールドカップ

ラグビーワールドカップの歴史 ……… 14
日本代表のRWC（ラグビーワールドカップ）での歴史 ……… 16
ラグビーワールドカップ2019日本開催 ……… 18

4章　オリンピック

オリンピックのはじまりと歴史 …………… 20
オリンピック名勝負・名場面 …………… 24
オリンピックの名選手たち …………… 26
2020東京オリンピック競技種目一覧（きょうぎしゅもくいちらん）‥ 28

5章　ツール・ド・フランス

ロードバイクでフランス一周 …………… 30

6章　ウィンブルドン大会

ウィンブルドンの歴史 …………… 32
ウィンブルドンで活躍（かつやく）した日本人 …………… 34

7章　WBC（ダブリュビーシー）（ワールド・ベースボール・クラシック）

WBC（ダブリュビーシー）の歴史 …………… 36
WBCの問題と課題 …………… 38
野球記録の利用 OPS（オーピーエス）って何? …………… 39

8章　ウインタースポーツ

雪の上で競うスポーツ …………… 40
氷の上でスピードを競う …………… 42
氷の上で技（わざ）を表現（ひょうげん）する …………… 44

さくいん …………… 46

コラム

時差を知ろう …………… 11	名勝負　ボルグ vs マッケンロー …………… 33
ラグビーでは、イギリス代表っていわないの? ‥ 15	テニスのスタイルや戦法を見よう …………… 35
外国生まれのラグビー日本代表選手とは? ‥ 17	ＷＢＣ（ダブリュビーシー）出場国 …………… 38
古代オリンピックと停戦 …………… 21	ビールマンスピン …………… 44
東京オリンピックの自転車ロードレースのコース ‥ 31	フィギュアスケートのジャンプの見方 …………… 45

1章　世界のビッグイベント

オリンピック
4年に一度行われる総合スポーツ大会です。開催地は国ではなく都市になります。

リオデジャネイロ大会の卓球女子団体で、日本は銅メダルを獲得しました。（2016年、ブラジル）。

（左から）石川佳純、福原愛、伊藤美誠の3選手。

ほかにどんなスポーツのビッグイベントがあるのかな。

ウィンブルドン大会
100年以上続くテニスの大会です。イギリスの首都ロンドン郊外で毎年行われています。

敗れたマリン・チリッチ選手（クロアチア）。

男子シングルス決勝で8回目の優勝をかざり、観客のスタンディングオベーションにこたえるスイスのロジャー・フェデラー選手（2017年、イギリス）。

サッカーワールドカップのはじまり

サッカーワールドカップの歴史

サッカーのワールドカップは世界中で300億人がテレビ観戦するなど、オリンピックとならぶ世界最大のスポーツイベントです。20世紀の初め、アマチュアにかぎられていたオリンピックに対し、ワールドカップは、プロもふくむサッカー最強王者を決めたいとはじまったものです。

ブラジル大会で優勝してFIFAワールドカップトロフィーをかかげるドイツチーム（2014年）。
写真/アフロ

第1回はウルグアイで開催

ワールドカップ開催の動きは、20世紀初めにオランダやフランスではじまり、国際サッカー連盟（FIFA）が1904（明治37）年に結成されました。しかし「サッカーの母国」イングランドからは無視され、1906年の「第1回ワールドカップ」は準備不足で開催地立候補がひとつもないなど、さんざんな立ちあがりでした。その後第一次世界大戦がはじまり、ヨーロッパは荒廃し、ワールドカップどころではなくなりました。

そんな状況で立候補したのは南米のウルグアイ。オリンピックで2連覇（1924年パリ、1928年アムステルダム）していた強豪で、プロをふくめてもウルグアイが一番だと豪語しているなか、1930年に「憲法制定100周年」の記念行事としてワールドカップを開催しました。

サッカー好きの王さまのおかげ

ところが1929（昭和4）年に起こった世界恐慌の影響で、アメリカ大陸以外からの参加申しこみは直前までゼロ。アジアから日本も招待されましたが、財政難で辞退。ヨーロッパではイングランドが「世界一は自分に決まっている」とボイコット。ようやくFIFAのジュール・リメ会長の地元フランスと、リメ会長と親しい王さまのいた国3か国（ベルギー、ルーマニア、ユーゴスラビア）が参加することになりました（予選なし）。

当時は、ヨーロッパから南米まで船で片道2週間もかかりワールドカップに出場すると最低2か月半は帰ってこられません。ルーマニアの王さまは代表メンバーを自分で選び、大会後も元の仕事にもどれるよう会社に命令し代表を送り出しました。サッカー好きの王さまが何人かいたおかげで失敗せずにすんだともいえます。最初のワールドカップは、13か国参加（予定では16か国）という変則的な大会として出発したのでした。

2026年には48か国出場

イタリアで1934（昭和9）年に開かれた第2回ワールドカップは、ムッソリーニ首相が宣伝に利用し、また第二次世界大戦後は南米の軍事独裁政権がサッカーを人気取りの道具にするなど、ワールドカップはたびたび政治に利用されました。

最近では、商業主義も強まるなかで大会の規模が拡大し続け、2026年大会は48か国の参加で行われることになっています。

サッカーは世界中で人気があるスポーツです。しかし、あまりにも人気がありすぎるため、ワールドカップは政治や「金もうけ」に利用されるという問題点をかかえてきました。

2章 サッカーワールドカップ

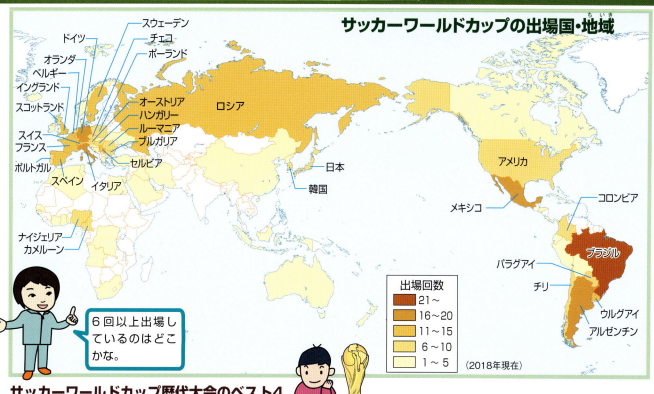

サッカーワールドカップ歴代大会のベスト4

大会	開催年	開催国（地域）	優勝	スコア	2位	3位	スコア	4位	総ゴール数	出場国数
第1回	1930	ウルグアイ	ウルグアイ	4-2	アルゼンチン	アメリカ	※(1)	ユーゴスラビア	70	13
第2回	1934	イタリア	イタリア	2-1 延長戦	チェコスロバキア	ドイツ	3-2	オーストリア	70	16
第3回	1938	フランス	イタリア	4-2	ハンガリー	ブラジル	4-2	スウェーデン	84	15
	1942 1946			第二次世界大戦のため中止						
第4回	1950	ブラジル	ウルグアイ	※(2)	ブラジル	スウェーデン		スペイン	88	13
第5回	1954	スイス	西ドイツ	3-2	ハンガリー	オーストリア	3-1	ウルグアイ	140	16
第6回	1958	スウェーデン	ブラジル	5-2	スウェーデン	フランス	6-3	西ドイツ	126	16
第7回	1962	チリ	ブラジル	3-1	チェコスロバキア	チリ	1-0	ユーゴスラビア	89	16
第8回	1966	イングランド	イングランド	4-2 延長戦	西ドイツ	ポルトガル	2-1	ソ連	89	16
第9回	1970	メキシコ	ブラジル	4-1	イタリア	西ドイツ	1-0	ウルグアイ	95	16
第10回	1974	西ドイツ	西ドイツ	2-1	オランダ	ポーランド	1-0	ブラジル	97	16
第11回	1978	アルゼンチン	アルゼンチン	3-1 延長戦	オランダ	ブラジル	2-1	イタリア	102	16
第12回	1982	スペイン	イタリア	3-1	西ドイツ	ポーランド	3-2	フランス	146	24
第13回	1986	メキシコ	アルゼンチン	3-2	西ドイツ	フランス	4-2 延長戦	ベルギー	132	24
第14回	1990	イタリア	西ドイツ	1-0	アルゼンチン	イタリア	2-1	イングランド	115	24
第15回	1994	アメリカ	ブラジル	0-0 延長戦 PK3-2	イタリア	スウェーデン	4-0	ブルガリア	141	24
第16回	1998	フランス	フランス	3-0	ブラジル	クロアチア	2-1	オランダ	171	32
第17回	2002	韓国/日本	ブラジル	2-0	ドイツ	トルコ	3-2	韓国	161	32
第18回	2006	ドイツ	イタリア	1-1 延長戦 PK5-3	フランス	ドイツ	3-1	ポルトガル	147	32
第19回	2010	南アフリカ	スペイン	1-0 延長戦	オランダ	ドイツ	3-2	ウルグアイ	145	32
第20回	2014	ブラジル	ドイツ	1-0 延長戦	アルゼンチン	オランダ	3-0	ブラジル	171	32
第21回	2018	ロシア								32
第22回	2022	カタール								32

※(1)第1回の3位決定戦は、ユーゴスラビアが準決勝の判定に抗議しボイコットし、アメリカが不戦勝になった。ユーゴスラビア側は両国3位と主張した。

※(2)第4回大会では決勝リーグを行い、最終順位は優勝ウルグアイ（勝ち点5）、準優勝ブラジル（勝ち点4）、3位スウェーデン（勝ち点2）、4位スペイン（勝ち点1）。

名選手を調べてみよう
活躍した名選手たち

ペレ（ブラジル）
「キング」とよばれる史上最高の選手
（W杯4回出場＝1958、62、66、70年）

　生涯通算1281ゴール。17歳での鮮烈なW杯デビューは1958（昭和33）年スウェーデン大会で、ブラジルが初優勝。62年、66年の大会では相手の激しいタックルで負傷するなどして目立つ活躍はできませんでしたが、1970年メキシコ大会から「イエロー、レッドカード」「選手交替制度」が採用されたのは事実上ペレのためでした。ブラジルをW杯で3回優勝させ、「キング・ペレ」とよばれました（キングのよび名はペレが元祖）。1970年以降、ブラジル軍事政権に批判的になり代表を辞退。74年にはニューヨーク・コスモスに移籍、サッカー不毛の地とされたアメリカにサッカー文化を根付かせます。77年の引退試合は日本で行われました。

フランツ・ベッケンバウアー（西ドイツ）
自由（リベロ）を愛した皇帝
（W杯出場3回＝1966、70、74年）

　史上最高のディフェンダー（DF）。卓越したリーダーシップで「皇帝（カイザー）」とよばれました。1966（昭和41）年イングランド大会ではミッドフィルダー（MF）。もともとは攻撃的な選手で、ディフェンスラインから機を見て攻撃にも参加する「リベロ（自由な人という意味のイタリア語）」というポジションを確立しました。

　1974年地元の西ドイツで開催されたW杯では、重圧のかかるなか、主将として監督に助言するなど、ピッチ上の皇帝として君臨。ほとんどボールをうばわれることがなく、地元の観客は彼がボールを持つと安心しました。決勝でクライフのオランダを破って優勝。引退後は西ドイツ代表監督として1990（平成2）年大会優勝、2006年ドイツ大会組織委員長などをつとめました。

ヨハン・クライフ（オランダ）
未来から来た空飛ぶオランダ人
（W杯出場1回＝1974年）

　1974年（昭和49）W杯ではドイツに敗れ、準優勝ながらも大会MVP（最優秀選手）。W杯本大会には1度しか出場していないにもかかわらず、世界のファンの印象に強く残りました。

　21世紀に主流となる、ポジションチェンジなどが流動的なスタイルを、1970年代中ごろに「トータル・フットボール」という名で実現したスーパースター。「空飛ぶオランダ人」のニックネームで、細身ながら相手をあざむくあざやかなトリックプレーが得意。「クライフターン」などのフェイントに名を残しています。指導者としても、クラブチームの名門バルセロナの現在のスタイルの基礎をきずきました。

ディエゴ・マラドーナ（アルゼンチン）
悪童か天才か、左足と「神の手」でスターに
（W杯4回出場＝1982、86、90、94年）

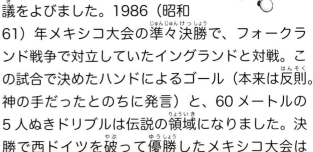

　アルゼンチンの英雄、早熟の天才ですが、ピッチの内外での暴言や薬物使用などで論議をよびました。1986（昭和61）年メキシコ大会の準々決勝で、フォークランド戦争で対立していたイングランドと対戦。この試合で決めたハンドによるゴール（本来は反則。神の手だったとのちに発言）と、60メートルの5人ぬきドリブルは伝説の領域になりました。決勝で西ドイツを破って優勝したメキシコ大会は「マラドーナのためのW杯」と評されました。

　続く1990（平成2）年イタリア大会では準優勝。1994年アメリカ大会では尿から禁止薬物が検出され、15か月間の出場停止処分を受けました。指導者としてアルゼンチン代表監督などを歴任しましたが、国民の期待にこたえることはできませんでした。

2章　サッカーワールドカップ

サッカーワールドカップに出場したおもな名選手たち　名前・代表チーム・ポジション・出場年・おもな活躍

名前	代表チーム	ポジション	出場年	おもな活躍
フェレンツ・プスカシュ	ハンガリー スペイン	FW（フォワード）	1954、62年	1950年代に世界最強といわれたハンガリー代表の中心。FIFA年間最優秀ゴール賞「プスカシュ賞」に名を残す。のちにスペインへ亡命、レアル・マドリードで活躍。
ボビー・チャールトン	イングランド	MF（ミッドフィルダー）	1962、66、70年	イングランド史上最高の選手。1966年地元でのワールドカップ優勝に貢献。エリザベス女王より「ナイト」の称号を受ける。
レフ・ヤシン	ソ連	GK（ゴールキーパー）	1958、62、66、70年	20世紀最高のゴールキーパーともいわれる。黒のユニフォーム、黒のグローブ、長い手足で「黒蜘蛛」の異名をもつ。
エウゼビオ	ポルトガル	FW	1966年	1966年イングランド大会の得点王。準々決勝の北朝鮮戦で4ゴール。「黒真珠」とよばれたポルトガルの英雄。
ゲルト・ミュラー	西ドイツ	FW	1970、74年	どんな体勢からでもシュートを撃ち、「爆撃機」とよばれた。1974年自国開催の西ドイツ大会決勝でゴール。W杯通算14得点。
パオロ・ロッシ	イタリア	FW	1978、82年	1978年アルゼンチン大会ベスト4に貢献。82年スペイン大会では6点をあげて得点王、イタリアは44年ぶり3度目の優勝を果たす。
ミシェル・プラティニ	フランス	MF	1978、82、86年	1986年メキシコ大会ベスト4。華麗にパスをつなぐフランス代表で「将軍」とよばれた。後にFIFA副会長となる。
ジーコ	ブラジル	MF FW	1978、82、86年	セレーゾ、ファルカン、ソクラテスと共にブラジル代表の「黄金のカルテット」だが、優勝とは縁がなかった。Jリーグ鹿島でも活躍、日本代表監督もつとめた。
ロジェ・ミラ	カメルーン	FW	1982、90、94年	1990年イタリア大会でカメルーンの準々決勝進出に貢献。94年アメリカ大会のロシア戦では、W杯史上最年長（当時42歳）でのゴールを決める。
ローター・マテウス	ドイツ	MF DF	1982、86、90、94、98年	W杯で5大会25試合出場したドイツの「闘将」。1990年イタリア大会で西ドイツが優勝したときの主将をつとめた。
ルート・フリット	オランダ	FW MF	1990年	出場は1990年イタリア大会の1回だが、ファンバステン、ライカールトとのトリオで80年代のオランダ黄金時代を支える。
ドラガン・ストイコビッチ	ユーゴスラビア	MF	1990、98年	旧ユーゴスラビア史上最高のプレーヤーで90年イタリア大会ベスト8に貢献。華麗なプレーで「ピクシー（妖精）」とよばれ、Jリーグ名古屋でも活躍。
ロマーリオ	ブラジル	FW	1990、94年	小柄な身体からくり出す鋭いゴールで活躍。1994年アメリカ大会では5ゴールをあげて、24年ぶりのブラジル優勝に貢献した。
ロベルト・バッジョ	イタリア	FW MF	1990、94、98年	1994年アメリカ大会決勝PK戦で失敗し「悲劇のヒーロー」に。イタリアのリーグ、セリエAなどで活躍。世界の貧困・飢餓問題にも取り組む。
洪 明甫（ホン ミョンボ）	韓国	DF MF	1990、94、98、2002年	アジア最高のリベロ。自国開催の02年日韓大会でベスト4進出に貢献、最優秀選手賞選出でアジア人初の3位受賞。Jリーグ柏で外国人初の主将もつとめた。
ミア・ハム	アメリカ	FW	1991、95、99、2003年	FIFA世界歴代優秀選手125人に女子として選出。女子W杯優勝2回（1991年中国大会、99年アメリカ大会）、オリンピック優勝2回（96年アトランタ大会、04年アテネ大会）。
オリバー・カーン	ドイツ	GK	1994、98、2002、06年	2002年日韓大会で準優勝したドイツの主将。野性的風貌でベッカムと人気を二分した。自国開催の06年ドイツ大会では3位。
デイビッド・ベッカム	イングランド	MF	1998、2002、06年	正確なクロス、フリーキックが特長。マンチェスター・ユナイテッドやレアル・マドリードで活躍。甘いマスクが日本でも人気で、CM収入など高額所得でも話題に。
ルイス・フィーゴ	ポルトガル	MF	2002、06年	右サイドを切りさくドリブラー。2006年ドイツ大会ベスト4に貢献。バルセロナからライバルチームのレアル・マドリードへ、当時世界最高額の移籍金で話題に。
ジネディーヌ・ジダン	フランス	MF	1998、2002、06年	アルジェリア移民の出身で多民族国家フランスを象徴する存在。1998年フランス大会で優勝に貢献。06年ドイツ大会決勝では「頭突き事件」で退場。

サッカーワールドカップに出場できなかった名選手たち

名前	代表チーム	説明
ライアン・ギグス	ウェールズ	イギリスのマンチェスター・ユナイテッドのMF。ウェールズ代表を選択したため、メジャーな国際大会は未出場。
ジョージ・ベスト	北アイルランド	1970年代のマンチェスター・ユナイテッドの英雄だが、代表では活躍の場にめぐまれなかった。
エリック・カントナ	フランス	代表監督と衝突、観客を蹴るなどの問題を起こしてW杯とは無縁。ビーチサッカーではフランス代表としてW杯に出場。
ヤリ・リトマネン	フィンランド	アヤックスなどで活躍したフィンランド史上最高のFWだったが、代表チームはW杯予選を突破できなかった。
ジョージ・ウエア	リベリア	リベリアはW杯未出場。ACミランなどで活躍、世界最優秀選手にもなった選手。2018年、リベリア大統領に就任した。

日本でも、ワールドカップに出場できなかった名選手がいるね。

楽しみ方もいろいろ

ワールドカップを楽しむ

ワールドカップでは、日本代表を応援するだけでなく、もっと楽しむ方法がたくさんあります。サッカーの試合のほかにも、世界のいろいろな国や地域のことを知るチャンスでもあります。

ルールを知る（大会のしくみ編）

まず、ワールドカップの大会のルールを調べましょう。

ワールドカップは1次リーグ（4か国総当たり戦）と、決勝トーナメント（ノックアウトラウンド）に分かれます。1次リーグの上位2チームが決勝トーナメントに進みます（ベスト16、準々決勝、準決勝、3位決定戦、決勝）。

1次リーグを突破するには、勝ち点（1試合で勝てば勝ち点3、引き分けで勝ち点1）が何点必要でしょうか。2勝（勝ち点6）すれば2位以上確定です。1勝1引き分け1敗（勝ち点4）で何チームかが並んだ場合は「得失点差」（得点マイナス失点）で、それが同じ場合は「総得点」で順位が決まります。

決勝トーナメントは引き分けがなく、前後半45分ずつ90分で同点の場合は延長戦（30分）、さらに同点のときは「PK戦」で決着をつけます。

ルールを知る（オフサイド編）

サッカーでわかりにくいのが「オフサイド」。これは「待ちぶせ」を禁止するルールです。

左下の絵で、オフサイドラインは赤2番の位置。青8番はオフサイドの位置にいる青9番にパスは出せません。青8番がパスを蹴った瞬間、青7番がオフサイドラインをこえて⑦の位置に走り、パスを受けるのはオーケー。オフサイドは毎年のようにルール（解釈や運用）が変わり、プロでもやっかいです。ほかにもどんなルールがあるのか、調べてみましょう。

応援する国や選手を決める

どんな国が出場するのか、調べましょう。サッカー雑誌の「ワールドカップ出場国紹介」「出場選手名鑑」特集などがあると便利です。世界地図もあるといいですね。どんな気候か、どんな料理を食べているのか、ライバル国はどこかなど、調べてみましょう。

選手や監督の顔が気に入った、名前が何となくおもしろい、最初に見た試合がおもしろかったなど、きっかけは、何でもオーケー。応援・注目する選手や国を決めておくと、勝ったときの喜び（負けたときのくやしさも）200％アップまちがいなし。

試合スケジュール（日程・放送時間）も調べておきましょう。2018年ロシア大会の場合、現地時間が夜なら日本は早朝です。時差に気をつけましょう。

戦術を調べる

ワールドカップでは、新しい戦術を見るのも楽しみです。

試合開始時のポジションの並び方をフォーメーションやシステムといい、毎回進化しています。「4-3-3」のように「守備-中盤-攻撃」の人数を数字であらわします（下図）。ひとつのシステム（例・4-2-3-1）への対策として、新たなシステム（例・4-3-3）が考案されます。

下の図でみると、ちがいは「中盤の3角形の並び」だけですが、ここで相手をおさえよう（攻略しよう）と、各チームの監督は知恵をしぼっているのです。

オフサイド

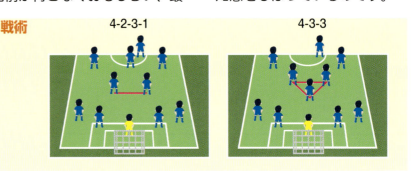

戦術　　4-2-3-1　　　　4-3-3

2章 サッカーワールドカップ

サッカーワールドカップ2018の出場国・地域を調べてみよう

グループ	国・地域	予選地域	最高成績	面積(万km²)	人口(万人)	首都	言語	国民総生産(億ドル)	国民総所得(一人あたりドル)	おもな輸出品
A	ロシア	(開催国)	4位*	1709	1億4399	モスクワ	ロシア語	1兆3260	8992	石油、石油製品、天然ガス
A	サウジアラビア	アジア	ベスト16	220	3293	リヤド	アラビア語	6532	2万1230	石油、石油製品
A	エジプト	アフリカ	GL*	100	9755	カイロ	アラビア語	3159	3397	石油製品、液化天然ガス、石油
A	ウルグアイ	南米	優勝	17	346	モンテビデオ	スペイン語	534	1万4955	肉類、米、大豆
B	ポルトガル	ヨーロッパ	3位	9	1033	リスボン	ポルトガル語	1991	1万8781	機械類、自動車、衣類
B	スペイン	ヨーロッパ	優勝	50	4635	マドリード	スペイン語	1兆1930	2万5847	自動車、機械類、医薬品
B	モロッコ	アフリカ	ベスト16	44	3574	ラバト	アラビア語/ベルベル語	1003	2866	機械類、衣類、化学肥料
B	イラン	アジア	GL	162	8116	テヘラン	ペルシャ語/トルコ語	3986	5053	石油、果実、鉄鋼
C	フランス	ヨーロッパ	優勝	55	6498	パリ	フランス語	2兆4189	3万6894	機械類、航空機、自動車
C	オーストラリア	アジア	ベスト16	769	2445	キャンベラ	英語	1兆2309	5万469	鉄鉱石、石炭
C	ペルー	南米	ベスト8	128	3216	リマ	スペイン語	1904	5865	金、銅鉱石、銅
C	デンマーク	ヨーロッパ	ベスト8	4	573	コペンハーゲン	デンマーク語	3013	5万3389	機械類、医薬品、肉類
D	アルゼンチン	南米	優勝	278	4427	ブエノスアイレス	スペイン語	6323	1万4309	飼料、自動車、大豆油
D	アイスランド	ヨーロッパ	初出場	10	34	レイキャビク	アイスランド語	168	5万508	アルミニウム、魚介類
D	クロアチア	ヨーロッパ	3位	5	419	ザグレブ	クロアチア語	487	1万1402	機械類、船舶、石油製品
D	ナイジェリア	アフリカ	ベスト16	92	1億9088	アブジャ	英語/ハウサ語	4945	2607	石油、石油製品、液化天然ガス
E	ブラジル	南米	優勝	851	2億928	ブラジリア	ポルトガル語	1兆7726	8342	鉄鉱石、機械類、石油
E	スイス	ヨーロッパ	ベスト8	4	847	ベルン	ドイツ語/フランス語	6708	8万2681	医薬品、機械類、時計
E	コスタリカ	北中米	ベスト8	5	490	サンホセ	スペイン語	529	1万539	機械類、果実、精密機械
E	セルビア	ヨーロッパ	4位*	7	709	ベオグラード	セルビア語	372	4978	機械類、鉄鋼、銅
F	ドイツ	ヨーロッパ	優勝	35	8211	ベルリン	ドイツ語	3兆3636	4万2594	機械類、自動車、医薬品
F	メキシコ	北中米	ベスト8	196	1億2916	メキシコシティ	スペイン語	1兆1407	8680	自動車、機械類、石油
F	スウェーデン	ヨーロッパ	準優勝	44	991	ストックホルム	スウェーデン語	4957	5万1578	機械類、自動車、紙
F	韓国	アジア	4位	10	5098	ソウル	韓国語	1兆3779	2万7524	機械類、船舶、自動車
G	ベルギー	ヨーロッパ	4位	3	1143	ブリュッセル	仏語/オランダ語/独語	4551	4万292	医薬品、機械類、自動車
G	パナマ	北中米	初出場	7	410	パナマシティー	スペイン語	521	1万2355	医薬品、機械類、衣類
G	チュニジア	アフリカ	GL	16	1153	チュニス	アラビア語/フランス語	412	3502	機械類、衣類、石油
G	イングランド	ヨーロッパ	優勝	24	6511	ロンドン	英語	2兆8580	4万3292	機械類、自動車、医薬品
H	ポーランド	ヨーロッパ	3位	31	3817	ワルシャワ	ポーランド語	4771	1万1832	機械類、自動車、家具
H	セネガル	アフリカ	ベスト8	19	1585	ダカール	フランス語/ウォロフ語	136	886	石油製品、魚介類、金
H	コロンビア	南米	ベスト8	114	4906	ボゴタ	スペイン語	2920	5871	石油、石炭、石油製品
H	日本	アジア	ベスト16	37	1億2748	東京	日本語	4兆3830	3万5939	自動車、電気機器

*ロシアはソ連、セルビアはユーゴスラビア時代の成績。GLはグループリーグ敗退。

(2017/18世界国勢図会など)

時差を知ろう

日本が昼のとき、地球の反対側にあるブラジルは夜です。自転しながら太陽のまわりを回っている地球では、太陽が当たる昼の地域と反対側の夜の地域とが西へ少しずつ移動します。日本から西へいくと時間がもどり、東へいくと時間が進み、これが「時差」になります。

2018年6月19日のワールドカップ・ロシア大会「日本対コロンビア戦」。会場のサランスクと日本との時差は約6時間。試合開始は現地が午後3時、日本は午後9時なんだね。

やっとたどりついたワールドカップ出場
日本代表の戦いの歴史

サッカー日本代表は、最近ではワールドカップに1998（平成10）年から2018年まで6大会連続で出場するなど「常連」になっています。しかし、1998年の初出場までは苦難の連続でした。初めてワールドカップ予選に出場したのが1954（昭和29）年、それ以降、11大会連続でアジア予選で敗退していたのです。オリンピックにも1996年から連続出場していますが、1992年以前を見ると、オリンピックでサッカーが採用された20回のうち、日本代表の出場はわずか3回でした（そのうちの1回は地元開催の1964年東京大会）。

「ドーハの悲劇」 アメリカ大会出場をかけたアジア最終予選（1993年、カタールのドーハ）。最終戦のイラク戦を2-1でリードしていた日本代表はロスタイムで失点、引き分けてグループ3位。悲願のワールドカップ初出場をのがしました。

写真：日刊スポーツ/アフロ

世界がおどろいた「ベルリンの奇跡」

第二次世界大戦以前の唯一のオリンピック出場は1936（昭和11）年ベルリン大会です。出場は、次の1940年東京オリンピックの開催計画とともに急に決まったもので、日本代表といっても早稲田大学（早大）を中心にした即席チーム（17人中10人が早大）でした。

そのチームが1回戦で、強豪スウェーデンを3-2でやぶる大番狂わせを演じます。「ベルリンの奇跡」とよばれました（2回戦＝準々決勝ではイタリアに0-8で完敗）。そして、40年の東京オリンピックは戦争のため開かれませんでした。

この時期、1930年にはワールドカップもはじまり、第1回のウルグアイ大会には日本も招待されていますが、資金不足で参加を辞退しています。

日本サッカーの恩人クラマーさん

第二次世界大戦後、敗戦国の日本サッカー協会（当時は大日本蹴球協会）は資格停止処分を受け、1950（昭和25）年まで国際大会に出場できませんでした。処分が解除されて初めて挑んだのがワールドカップ1954年スイス大会でしたが、予選で敗退。それ以降も、アジアからの参加枠が1または2という時代が長く続き、日本の出場はありませんでした。

転機は、1964（昭和39）年の東京オリンピックでした。ドイツからデットマール・クラマーさんが日本サッカー協会アドバイザーとして来日し、日本代表を基礎からきたえました。その結果、東京オリンピックではベスト8、次のメキシコ・オリンピック（1968年）では銅メダルを獲得しました。

「暗黒時代」からJリーグ開幕へ

ところが1968（昭和43）年以降、日本代表は1990年代までワールドカップはおろか、オリンピックにも出場できない時代をむかえます。この低迷期（暗黒時代）から1980年代後半に「プロ化」の動きが生まれ、1992（平成4）年にJリーグが発足。代表チームの強化も、外国人監督をむかえるなど本格的に取り組みがはじまります。1994年のアメリカワールドカップの出場は惜しくものがしましたが、日本代表は着実にレベルアップしていきました。

その結果、オリンピックは1996年のアトランタ大会に28年ぶりに出場できました。ワールドカップは1998年のフランス大会で、初出場をはたしています。

2章　サッカーワールドカップ

「ジョホールバルの歓喜」 フランス大会出場をかけたアジア最終予選。第3代表決定戦（1997年、マレーシアのジョホールバル）のイラン戦。2-2で突入した延長後半戦の試合終了直前、中田英寿選手のシュートを相手キーパーがはじいたボールに岡野雅行選手がかけこみシュート。日本代表のワールドカップ初出場が決定しました。

サッカー日本代表のおもな監督

長沼健	1962〜69 1972〜76	デットマール・クラマーが東京オリンピック準備のアドバイザーとしてドイツから来日。長沼監督と岡野コーチの二人体制でクラマー氏と協力し、日本代表を1964年東京オリンピックのベスト8、68年メキシコ・オリンピックの銅メダルに導く。
岡野俊一郎	1970〜71	
ハンス・オフト	1992〜93	オランダ出身。初の外国人監督。1992年アジア杯優勝。「ドーハの悲劇」で94年W杯アメリカ大会出場をのがす。
加茂周	1994〜97	初の日本人プロ監督。W杯アジア最終予選中に解任。
岡田武史	1997〜98 2007〜10	1997年に加茂監督解任を受けてコーチから昇格、98年W杯フランス大会で日本の初出場を果たす。2007年オシムの病気退任で2度目の就任、10年南ア大会ベスト16。
フィリップ・トルシエ	1998〜2002	フランス出身。2000年アジア杯優勝、02年W杯日韓大会でベスト16。1999年ワールドユース選手権で準優勝し、FIFA主催世界大会で初の快挙となる。
ジーコ	2002〜06	ブラジル出身。2004年アジア杯優勝、海外で活躍していた中田英寿・中村俊輔や1999年ワールドユース準優勝組の小野伸二ら「黄金世代」で06年ドイツ大会にのぞむが惨敗。
イビツァ・オシム	2006〜07	ボスニア出身。日本人の長所をいかすサッカーをかかげ新風をふきこむが病気退任。「水を運ぶ人（よく動いて味方を助ける選手）」「考えて走る」など多くの名言をのこす。
ザッケローニ	2010〜14	イタリア出身。2011年アジア杯優勝。イタリアのリーグ、セリエの名将も国際経験なく、14年W杯ブラジル大会で惨敗。
ハリルホジッチ	2015〜	ボスニア出身でフランス国籍。前任のアギーレ監督（2014-15）がスペインで八百長に関与した疑いで契約解除後、監督に就任。

サッカー日本代表略年表

1921	大日本蹴球協会設立
1930	第1回W杯（ウルグアイ）招待を受けるが財政難で辞退
1936	ベルリン五輪で強豪スウェーデンを破り「ベルリンの奇跡」とよばれる
1945	大日本蹴球協会がFIFAから資格停止に（1950年、日本蹴球協会として再加盟、1974年、日本サッカー協会に改称）
1954	W杯予選初参加、韓国に1分1敗敗退
1960	ドイツからクラマー氏来日、サッカーの基礎を教える（〜63年）
1964	地元開催の東京五輪でベスト8（長沼健監督、岡野俊一郎コーチ）
1968	メキシコ五輪で銅メダル（同）
1985	初めてW杯（1986年メキシコ大会）のアジア最終予選まで進出し、韓国に敗れ敗退。日本サッカーの「プロ化」に着手
1992	オフト監督のもとアジア杯初優勝
1993	W杯1994年アメリカ大会アジア最終予選の最終戦で勝てず予選敗退（ドーハの悲劇／オフト監督）
1996	28年ぶり出場のアトランタ五輪でブラジルに勝利（グループリーグ敗退）
1997	W杯フランス大会アジア最終予選でイランを破り、初出場決定（ジョホールバルの歓喜／岡田武史監督）
1998	W杯フランス大会に初出場（3連敗、グループ最下位で敗退／岡田武史監督）
2000	アジア杯優勝。シドニー五輪ベスト8（トルシエ監督）
2002	開催国のため予選免除でW杯日韓大会出場、ベスト16（トルシエ監督）
2004	アジア杯優勝（ジーコ監督）
2006	W杯ドイツ大会、1分2敗、グループ最下位で敗退（ジーコ監督）
2007	アジア杯ベスト4。オシム監督病気で退任、後任に岡田武史監督（2度目）
2010	W杯南アフリカ大会でグループリーグを突破、ベスト16（岡田武史監督）
2011	アジア杯優勝（ザッケローニ監督）女子代表「なでしこジャパン」がW杯ドイツ大会でアメリカを下し初優勝する（佐々木則夫監督）
2012	ロンドン五輪で男子代表ベスト4（関塚隆五輪監督）、女子代表が準優勝
2014	W杯ブラジル大会で1分2敗、グループ最下位で敗退（ザッケローニ）
2015	アジア杯ベスト8、アギーレ監督解任
2018	W杯ロシア大会に出場（ハリルホジッチ監督）

ラグビー世界一はどこ？
ラグビーワールドカップの歴史

ラグビーワールドカップは、サッカーワールドカップとオリンピックのあいだの年に開催されます。1987（昭和62）年にはじまり、以後4年に一度、現在まで8回開催されました。サッカーワールドカップ、オリンピックとならび、世界中の人々が観戦・視聴する大会です。そして、2019年にはアジアで初めて日本で開催されます。

1995年の第3回大会決勝。南アフリカは、延長戦でニュージーランドを15-12で破り、初出場で初優勝をとげました。

写真：Colorsport/アフロ

世界一決定戦のはじまり

ラグビーは、テストマッチとよばれる国と国との対抗戦が主流で、サッカーワールドカップのような世界大会は行われてきませんでした。「どちらが強いか」を決めようという考え方にもとづいていたからです。

しかし、ラグビーの強豪国であるニュージーランドとオーストラリアのラグビー協会が、「どこが一番強いか」世界大会で決めようと、1983（昭和58）年にワールドカップ開催を提案。国際ラグビーフットボール評議会*はラグビーワールドカップについて投票を行い、6対2で開催が決定しました。このとき投票した協会は8つ、オーストラリア、ニュージーランド、南アフリカ、フランス、イングランド、ウェールズ、スコットランド、アイルランドでした。1987年、第1回ラグビーワールドカップがニュージーランドとオーストラリアによる共同開催で行われました。

日本も招待された第1回

第1回大会は、16の国と地域が招待され、予選は行われませんでした。日本はアジアのラグビー伝統国として招待されています。一方、ラグビー強豪国であった南アフリカは招待されませんでした。アパルトヘイトという人種隔離政策が国際社会から非難されていたからです。この大会では、地元開催のニュージーランドが優勝しました。ニュージーランド代表チームは、ラグビージャージが黒色であることから「オールブラックス」とよばれ、世界中のラグビーファンから親しまれています。

1991（平成3）年の第2回大会からは出場をかけて地区予選が行われるようになり、日本はアジア太平洋地区予選で2位となり、本大会に出場しました。

1995年の第3回大会は、アパルトヘイトが撤廃された南アフリカで開催され、ネルソン・マンデラが開会を宣言しました。閉会の2か月後、ラグビーの「オープン化」が宣言され、ラグビーのプロ化が進みました。

1999年の第4回大会から、出場枠は16から20の国と地域に増えました。2019年に日本で開催される第9回大会も、20チームが参加します。

*2014年、「ワールドラグビー（World Rugby=WR）」に組織名を変更。

3章　ラグビーワールドカップ

ラグビーワールドカップ出場国・地域

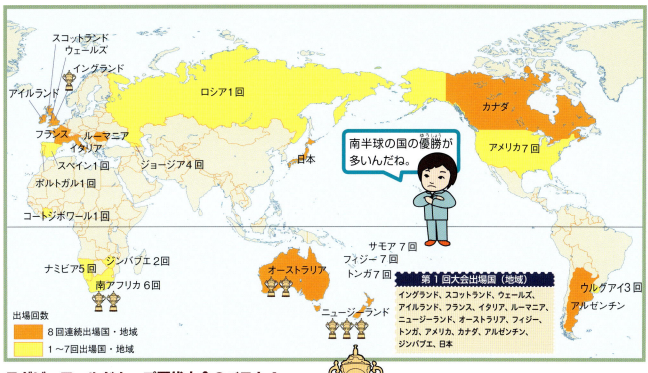

ラグビーワールドカップ歴代大会のベスト4

大会 開催年	開催国（地域）	決勝戦 優勝	決勝戦 スコア		3位決定戦 3位	3位決定戦 スコア	4位
第1回 1987	オーストラリア ニュージーランド	ニュージーランド	29 - 9	フランス	ウェールズ	22-21	オーストラリア
第2回 1991	イングランド ウェールズ スコットランド アイルランド フランス	オーストラリア	12 - 6	イングランド	ニュージーランド	13 - 6	スコットランド
第3回 1995	南アフリカ	南アフリカ	15 - 12 延長戦	ニュージーランド	フランス	19 - 9	イングランド
第4回 1999	ウェールズ	オーストラリア	35 - 12	フランス	南アフリカ	22 - 18	ニュージーランド
第5回 2003	オーストラリア	イングランド	20 - 17 延長戦	オーストラリア	ニュージーランド	40-13	フランス
第6回 2007	フランス	南アフリカ	15 - 6	イングランド	アルゼンチン	34-10	フランス
第7回 2011	ニュージーランド	ニュージーランド	8 - 7	フランス	オーストラリア	21 - 18	ウェールズ
第8回 2015	イングランド	ニュージーランド	34 - 17	オーストラリア	南アフリカ	24-13	アルゼンチン

ラグビーでは、イギリス代表っていわないの？

　イギリスのラグビー代表は、イングランド、スコットランド、ウェールズに分かれています。ラグビーではイングランド、スコットランド、ウェールズのそれぞれのラグビー協会をひとつの国のような存在としてあつかっているのです。イギリスというチームは存在しません。サッカーもほぼ同じです。アイルランドは、アイルランド共和国とイギリス領となっている北アイルランドを合わせて、ラグビーアイルランド代表となっています。

※国際オリンピック委員会が国籍主義をとっているため、オリンピック競技種目の7人制ラグビーには、イギリス代表が出場しています。サッカーでは、北アイルランドは独立した代表となっています。

なかなか勝てなかった日本代表が…

日本代表のRWC（ラグビーワールドカップ）での歴史

世界をおどろかせたジャパンの勝利

第8回大会（2015年）

　第1回から第7回大会まで、日本は7回出場。1勝21敗2引き分けという成績でした。2012（平成24）年にヘッドコーチ（HC）となったエディ・ジョーンズは「ジャパン・ウェイ（日本流）」を合言葉に、身体の小さい日本代表選手に細かいパスをつないでボールを保持しながら攻める作戦を身につけさせ、長い合宿で持久力やダッシュ力もきたえました。この大会である程度の成果は予想されていました。

　初戦の相手はワールドカップ優勝3回の強豪、南アフリカ。前半は10-12で2点リードされますが、後半2分に五郎丸歩選手がペナルティゴール（PG）で3点をうばい13-12と逆転すると、場内は日本代表を応援しはじめ、「ジャパン、ニッポン」の大合唱です。

　後半3分、21分と南アフリカがパワーを見せつけてトライをうばいます。日本も五郎丸選手が8分、12分、19分と続けてPGを決め、28分に自らのトライとゴールで29-29の同点とします。なりふりかまわない南アフリカが32分にPGで勝ちこし、29-32と日本は3点差をつけられます。

　終了直前、南アフリカが反則を犯しました。エディ・コーチはPG（3点）で引き分けをねらえと指示。しかし日本代表のリーチ主将ら選手たちは逆転トライ（5点）をねらいスクラムを選択、攻めの気持ちでラストプレー。「ジャパン・ウェイ」を実行し、ボールをつないで途中出場のマフィ選手がパスし、受け取ったヘスケス選手が左コーナーに飛びこみ逆転トライ。スポーツ史上に残るアップセット（番狂わせ）でした。この歴史的勝利のニュースは世界をかけめぐりました。

　次のスコットランド戦は、中3日の強行日程をしいられ完敗。サモア戦、アメリカ戦に勝利して3勝1敗としましたが、勝ち点の差で決勝トーナメントには進めませんでした。

すごい攻防だね。このあと、日本はボールを出して展開するんだね

五郎丸選手がゴールをねらうキック。このポーズが流行したね。

2015年の第8回大会の日本対南アフリカ戦。試合終了直前のラストプレー。このラックからボールを左サイドに展開し日本は逆転のトライを決めました。

写真：アフロ

3章　ラグビーワールドカップ

世界との差を痛感
第1回1987（昭和62）年

　16チームが招待された大会。アメリカ戦でPGが7本中2本しか決まらず競り負け。オーストラリア戦も力およばず敗戦、世界との差を痛感。

初勝利をあげる
第2回1991（平成3）年

　アイルランド戦で、吉田義人選手が自陣から70m快走するなど3トライ。16-32で敗れたものの、日本のラグビーを世界に示しました。ジンバブエ戦は大会最多の1試合9トライをうばい52-8で圧勝し、ワールドカップ初勝利。「パンクするくらい走らんと日本のラグビーはでけん。（略）勝つ可能性は出てこんのです」と平尾誠二主将は語りました。

最多失点で歴史的大敗
第3回1995（平成7）年

　ニュージーランド戦で17-145というワールドカップ史上最多失点で惨敗しました。個々の選手は健闘しましたが、チームとしては残念な大会でした。

平尾監督を迎えるも敗戦
第4回1999（平成11）年

　前回大会で歴史的大敗をした日本は、平尾誠二監督で大会にのぞみました。前回はニュージーランド代表で出場していた2選手を、新たに日本代表に迎えました。しかし、3試合とも敗戦で終えました。

ゆうかんな桜の健闘
第5回2003（平成15）年

　強豪スコットランド戦、後半追い上げますが結果は11-32。「ブレイブ・ブロッサムズ（ゆうかんな桜）」と健闘をたたえられ、強豪フランス戦も一時は19-20まで食い下がりました。フィジー戦は完敗。強行日程に苦しみ、アメリカにも敗れました。

大会連敗をストップ
第6回2007（平成19）年

　ニュージーランドの英雄ジョン・カーワン・ヘッドコーチを迎え、試合ごとに先発15人の総入れ替え制を採用。オーストラリアに3-91と惨敗し、必勝体制のベストメンバーでのぞんだフィジー戦は個人技のトライを許し31-35で惜敗。カナダ戦はロスタイム、平浩二選手のトライと大西将太郎選手のキックで追いつき引き分け。連敗を13でストップしました。

20年ぶりの勝利をのがす
第7回2011年（平成23）年

　前回と同じジョン・カーワン・ヘッドコーチでのぞむ大会。フランス戦では17点差をつけられ、猛反撃し後半は4点差まで。観衆から「ジャパン！ジャパン！」の大声援でしたが21-47で敗戦。最終戦は前回12-12で引き分けた因縁のカナダ。前半リードし、残り6分まで8点差をつけましたが、最後は1トライ1PGを決められて23-23。20年ぶりの大会勝利をのがしました。

ラグビーワールドカップの日本の成績

（○勝ち　●負け　△引き分け）

大会	結果	スコア
第1回（1987年）宮地克実監督		
アメリカ	●	18-21
イングランド	●	7-60
オーストラリア	●	23-42
第2回（1991年）宿澤広朗監督		
スコットランド	●	9-47
アイルランド	●	16-32
ジンバブエ	○	52-8
第3回（1995年）小藪修監督		
ウェールズ	●	10-57
アイルランド	●	28-50
ニュージーランド	●	17-145
第4回（1999年）平尾誠二監督		
サモア	●	9-43
ウェールズ	●	15-64
アルゼンチン	●	12-33
第5回（2003年）向井昭吾監督		
スコットランド	●	11-32
フランス	●	29-51
フィジー	●	13-41
アメリカ	●	26-39
第6回（2007年）ジョン・カーワン		
オーストラリア	●	3-91
フィジー	●	31-35
ウェールズ	●	18-72
カナダ	△	12-12
第7回（2011年）ジョン・カーワン		
フランス	●	21-47
ニュージーランド	●	7-83
トンガ	●	18-31
カナダ	△	23-23
第8回（2015年）エディ・ジョーンズ		
南アフリカ	○	34-32
スコットランド	●	10-45
サモア	○	26-5
アメリカ	○	28-18

外国生まれのラグビー日本代表選手とは？

　外国籍の選手は、次の3つの条件のうちひとつでもみたしていれば、ラグビーワールドカップ代表になることができます。

1. 選手本人がその国で生まれた。
2. 両親か祖父母のうち1人がその国で生まれた。
3. 選手本人が3年以上継続してその国に住んでいる。

　この規定は世界のどの国のラグビー選手にもあてはめられます。ラグビーは、オリンピックとはちがい、その国の国籍がなくても代表として、ワールドカップに参加することができます。つまり国籍、人種、民族のちがいをこえてプレーできるのです。

　2015（平成27）年のラグビーワールドカップの日本代表31人のうち10人は外国出身で、そのうち5人は日本国籍がなく外国籍でした。ラグビーの日本代表は、日本人の代表ではなく、日本でプレーするラグビー選手の代表ともいえるのです。

世界のラグビーを楽しもう

ラグビーワールドカップ2019日本開催

ラグビーワールドカップは、ラグビーの世界一決定戦です。その第9回大会が2019年に日本で開催されます。日本代表の目標は、予選プールを勝ち上がり、ベスト8まで進むことです。大会ホストの日本代表がどこまで勝ち進めるかも楽しみですね。ラグビーは15人対15人、合計30人もの選手たちが試合に出ます。体重の重い人、背の高い人、パスのうまい人、キックのうまい人、タックルが強い人、足の速い人、相手のボールを取るのがうまい人など、さまざまな特徴を持った選手がいます。そのような選手を、外国チームからも見つけて応援するのも楽しみ方のひとつです。

ラグビー観戦のポイント

15人のポジションを知る

ラグビーの攻めは3種類

1. ボールを持って走る。
   ラグビーはボールを持てば、どこに走っても自由です。選手のスピードや相手のぬき方に注目。
2. パスをする。
   9番スクラムハーフや10番スタンドオフが、パスする方向に注目。
3. キックをする。
   10番や15番フルバックなどのキックのねらいに注目する。

ラグビーの守りはタックル

ラグビーのおもしろさのひとつがタックルです。相手の足をつかんで倒す、2人がかりで倒す、ボールをうばうようにタックルするなど。応援しているチームの選手が、タックルを決めた場合、大きな声援を送ってください。ビッグタックルで、試合の展開が変わることもありますよ。

スクラム

1〜8番のフォワードがスクラムを組みます。9番のスクラムハーフがボールを、スクラムの中に投入し、2番のフッカーが右足でボールを後ろに下げ、9番がボールを出します。

バックスの選手はスクラムから5mはなれます。攻撃側がスクラムを押すとバックスの選手もその分前に進めるので、前に勢いをつけて攻めることができます。

ラグビーの得点

T　トライ（5点）
G　トライ後のゴール（2点）
PG　ペナルティゴール（3点）
DG　ドロップゴール（3点）
（トライ後のゴールが決まれば、5点＋2点で合計7点です）。

トライ後のゴール（G）とペナルティゴール（PG）は、ボールを置いてキックします。ドロップゴール（DG）はボールをワンバウンドさせてからゴールをねらう、むずかしいキックです。実力が同じくらいのチームが戦うと、トライ（T）がなかなか取れないので、ドロップゴールも重要な得点パターンです。

ラインアウト

ラインアウトは、スクラムとならぶ大事なセットプレーです。攻撃側がサイドラインからボールを投げ入れて、ラインアウトに並んでいる両チームの選手がジャンプしてボールを取り合います。ラインアウトに参加しない選手とラインアウトのあいだは10m、攻守合計で20mもはなれているので、攻撃側はいろいろな作戦を立てることができます。

攻撃側も守備側もラインアウトに参加しない選手は10m離れなければならない

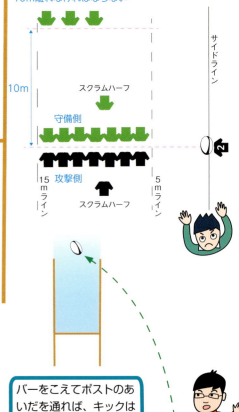

バーをこえてポストのあいだを通れば、キックは成功。ポストの上にボールがいっても、ポストのあいだならOKだよ。

3章　ラグビーワールドカップ

ラグビーワールドカップ2019の出場国・地域

(2018年2月現在の出場国・地域)

プール	出場国・地域	州	最高成績	世界ランク(2017年12月現在)	ラグビー人口(人)	人口(万人)(2016年)	面積(万km²)(2016年)	首都
A	アイルランド	ヨーロッパ	ベスト8	3	24万2914	476	7.03	ダブリン
A	スコットランド	ヨーロッパ	4位	5	16万4231	530	7.8	エディンバラ
A	日本	アジア	プール敗退	11	11万5205	1億2748	37.8	東京
A	ヨーロッパ地区1位*	ヨーロッパ						
A	ヨーロッパ・オセアニアのプレーオフ勝者	－						
B	ニュージーランド	オセアニア	優勝3回	1	15万564	470	26.8	ウェリントン
B	南アフリカ	アフリカ	優勝2回	6	42万796	5671	122.1	プレトリア
B	イタリア	ヨーロッパ	プール敗退	14	7万8234	5936	30.2	ローマ
B	アフリカ地区1位*	アフリカ						
B	敗者復活戦優勝者*	－						
C	イングランド	ヨーロッパ	優勝1回	2	208万1117	6511	24.2	ロンドン
C	フランス	ヨーロッパ	準優勝	9	36万5426	6498	55.2	パリ
C	アルゼンチン	南米	3位	8	13万4563	4427	278.0	ブエノスアイレス
C	アメリカ	北米	プール敗退	17	149万5732	3億2445	983.4	ワシントンD.C.
C	トンガ	オセアニア	プール敗退	13	5093	10.8	0.07	ヌクアロファ
D	オーストラリア	オセアニア	優勝2回	4	68万7488	2445	769.2	キャンベラ
D	ウェールズ	ヨーロッパ	3位	7	7万5431	306	2.1	カーディフ
D	ジョージア	ヨーロッパ	プール敗退	12	1万1136	391	7.0	トビリシ
D	フィジー	オセアニア	ベスト8	10	16万6201	90.6	1.8	スバ
D	ウルグアイ	南米	プール敗退	18	3万3206	346	17	モンテビデオ

＊2018年2月現在未定
(WR資料、2017/18世界国勢図会など)

日本のラグビー人口も多いね。

どの国を応援しようかな？

2019年9月20日(金) 開幕戦　19:45　東京スタジアム
11月2日(土) 決勝戦　18:00　横浜国際総合競技場
全48試合(予選プール40試合　決勝トーナメント8試合)

日本代表の予選プール試合日程
第1戦
9月20日(金)　19:45　東京スタジアム
日本代表　対　ヨーロッパ地区代表
第2戦
9月28日(土)　16:15　小笠山総合運動公園エコパスタジアム
日本代表　対　アイルランド代表
第3戦
10月5日(土)　19:30　豊田スタジアム
日本代表　対　ヨーロッパ・オセアニアプレーオフ勝者
第4戦
10月13日(日)　19:45　横浜国際総合競技場
日本代表　対　スコットランド代表

ラグビーワールドカップ2019の開催地

札幌ドーム
北海道札幌市
(多目的ドーム　41,410人)

神戸市御崎公園球技場
兵庫県神戸市
(球技専用　30,312人)

釜石鵜住居復興スタジアム
岩手県釜石市
(球技専用　16,187人)

豊田スタジアム
愛知県豊田市
(球技専用　45,000人)

熊谷ラグビー場
埼玉県熊谷市
(ラグビー専用　24,000人)

東京スタジアム
東京都調布市
(多目的競技場　49,970人)

横浜国際総合競技場
神奈川県横浜市
(多目的競技場　72,327人)

東平尾公園博多の森球技場
福岡県福岡市
(球技専用　22,563人)

熊本県民総合運動公園陸上競技場
熊本県熊本市(陸上競技場　32,000人)

東大阪市花園ラグビー場
大阪府東大阪市
(ラグビー専用　30,000人)

大分スポーツ公園総合競技場
大分県大分市(陸上競技場　40,000人)

小笠山総合運動公園エコパスタジアム
静岡県袋井市
(陸上競技場　50,889人)

オリンピックの歴史を調べよう

オリンピックのはじまりと歴史

世界でもっとも注目を集めるスポーツ大会になったオリンピック。はじまったのは、いまから120年ほど前の1896（明治29）年でした。そのときはわずか14か国、241人だった参加者（すべて男子）は、現在（2016年のリオデジャネイロ大会）では206の国と地域、1万1237人にまで増え、世界中にテレビ中継されています。オリンピックは、なぜ、このように大きく発展したのでしょう？　また、「平和の祭典」ともよばれますが、その理念はどのようなものなのでしょう？

オリンピックのはじまり・意義

▲近代オリンピックを最初に提唱したフランス人、ピエール・ド・クーベルタン男爵（1863～1937年）。
写真:gettyimages

▲初期のオリンピックでは「綱引き」が正式種目でした。写真は第4回ロンドン大会で行われた綱引きです。
写真:毎日新聞社

近代オリンピックの父

現在のオリンピックは、古代ギリシャの「オリンピアの祭典」をモデルに国際大会を開こうと、フランスのピエール・ド・クーベルタン男爵がよびかけてはじまったものです。

クーベルタン男爵は、戦争がくり返し起こっていた19世紀後半のヨーロッパで育ちました。こうした時代に大切なものは教育だと考え、20歳のときにイギリスの教育事情を視察しました。そのときに見た中等学校のスポーツ、とくにラグビーを気に入り、フランスでもスポーツを広めようと思い立ちました。

そのころのヨーロッパは、一種の「古代史ブーム」の時代で、トロイ遺跡が見つかったのもこのころです。とくに1850年代にオリンピアのスタジアムが発掘されてからは、発掘したドイツの考古学者の「オリンピックを復活すべきだ」という意見が共感をよんで、各地で「オリンピック～～」とその地方の名前をつけた競技大会が開催されました。その流れをひとつの形にしたのがクーベルタンでした。

1894（明治27）年6月、パリのソルボンヌ大学で国際オリンピック委員会（IOC）が結成され、クーベルタンは事務局長に就任（のち第2代会長）。この会議で、2年後の1896年に第1回オリンピックをアテネで、第2回を1900年にパリで開催すると決定しました。成功する保証はなにもありませんでしたが、ロンドンやマンチェスターで「オリンピック～～」を開催した経験のある医師や鉄道会社の経営者が援助を申し出、また「オリンピック～～」をアテネで開催した裕福なギリシャ人商人がスタジアムの修復を引き受けるなど、多くの人びとから賛同・協力がよせられて第1回オリンピックが実現したのでした。

4章　オリンピック

オリンピックの歴史

草創期のオリンピック

はじまったばかりのころのオリンピックは、いまとはだいぶ様子がちがっていました。

1920（大正9）年までは「綱引き」が正式種目でした。1908年のロンドン大会では、イギリスからロンドン警視庁など3チームが出場し、メダルを独占しています。ほかにもラクロスやポロなど、さまざまな種目がありました。

ロンドン大会のスタジアムは、陸上トラックの1周が536m（1931年に400mに改修）で、フィールド内に競泳プールがつくられ、となりに体操とレスリング用のマットが置かれていました。まるで屋根のない総合体育館のようです。

大会の期間もちがいました。第1回アテネ大会は10日間でしたが、第2回パリ大会は万国博覧会の一部として、5月から10月までの5か月にわたって行われました。第3回セントルイス大会（04年7月から11月）、第4回ロンドン大会（08年4月末から10月、187日間、オリンピック史上最長）も、万博の一部としての開催でした。初期のオリンピックは、まだ独立した大会とはいえなかったのです。

国家の支援と政治利用

その後の大きな変化は、選手が個人参加から国の代表になったことです。最初のころのオリンピックの理念は「国と国の争いをやめる」ことで、第3回までは国籍のちがう選手がまじったチームも出場可能でした。

第4回ロンドン大会から、選手は各国のオリンピック委員会が決めることになりました。個人参加は旅費などの費用を払える金持ちだけにかぎられていたので、これは自然ななりゆきでした。しかし、国と国の競争の場ではないとしたオリンピックの理念とは矛盾していました。

選手宣誓（1920年）、聖火点火（1928年）、聖火リレー（1936年）などもはじまり、だんだん派手になっていきます。それにともなって、開催費用も国が支援する形になり、オリンピックは財政面で安定します。オリンピックが「国威発揚」（国の強さを内外に示すこと）の道具として使われるようになったのです。

オリンピックの政治利用は、1936（昭和11）年のベルリン大会が有名です。当時のドイツはヒトラーの独裁国家でした。初めて聖火リレーをしたり、記録映画を世界中で上映するなど、ヒトラーはオリンピックを自分の宣伝の道具にしました。

古代オリンピックと停戦

古代オリンピックは紀元前776年にはじまり、西暦394年まで1200年近く続きました。古代ギリシャはひとつの国ではなく、アテネ、スパルタなど「ポリス」とよばれる都市国家に分かれていましたが、神は共通でした。その神々のうちの最高神ゼウスにささげられた奉納競技会が「オリンピアの祭典」（オリンピック）でした。

4年に一度の大会の期日が決まると、選手たちがオリンピアに行って帰るまでのあいだ、戦争を休むよう取り決められました。これをクーベルタンたちは「オリンピック期間中の停戦」と解釈して、オリンピックを「平和の祭典」としたのです。

最初は1日だけだった大会は、参加者数が増えるにつれて5日間の開催になり、地中海各地のギリシャ系の植民地からも参加するようになりました。停戦の期間も、はじめは1か月（選手たちが徒歩でオリンピアまで往復する期間）でしたが、その後、いまのスペインや北アフリカまで参加者が広がると、3か月まで延長されるようになりました。

最初のころオリンピックは8月下旬の満月の日に開かれ、停戦は8月なかばから9月前半まででした。この時期は小麦の刈り入れが終わり、オリーブやブドウの収穫がはじまるまでの農閑期にあたります。農閑期は他の年なら「戦争シーズン」でしたが、4年に一度のオリンピックの年は戦争がなかったのです。

オリンピックの開催地はどこ？

オリンピック記念切手のいろいろ
（青字は切手の発行国）

▶ 1960年ローマ大会（ルーマニア）

▲ 1964年東京大会（ソ連、現在のロシア）

▲ 1964年東京大会（日本）

▶ 1964年東京大会（ハンガリー）

▲ 1968年メキシコ大会（南イエメン）

▶ 1972年札幌大会（日本）

▲ 1972年ミュンヘン大会（ポーランド）

戦争による中断をこえて

「平和の祭典」という理念から出発したオリンピックは、これまで夏冬合計5回、戦争のために中止になっています。

1916（大正5）年の第6回ベルリン大会は第一次世界大戦で中止。1940（昭和15）年の第12回大会は夏が東京、冬が札幌の予定でしたが中止になり、続く1944年の第13回夏季ロンドン大会（冬季はコルチナ・ダンペッツオ）も、第二次世界大戦のため中止になりました。

戦後、すぐにオリンピックは復活しますが、日本とドイツは戦争責任を問われて追放処分になりました。1948年のロンドン大会に出場できず、当時の水泳の世界記録を持っていた古橋広之進選手らは涙をのみました。

処分がとかれ、日本が16年ぶりに復帰したのは1952年ヘルシンキ大会でした。この大会にはソ連（現在のロシアなど）が初参加。メダル数でアメリカと対抗する「スポーツの冷戦」がはじまりました。1980年のモスクワ大会と、1984年のロサンゼルス大会は、アメリカとソ連がたがいに参加をボイコット。東西冷戦はオリンピックにも影を落としました。

一方、アジア初の開催となった1964年の東京大会は、第二次世界大戦で焼け野原になった日本の復興を、強く世界に印象づけました。

商業化と大規模化

オリンピックは、1970年代

4章 オリンピック

夏季オリンピック開催地

第1回	アテネ（ギリシア）1896	第18回	東京（日本）1964
第2回	パリ（フランス）1900	第19回	メキシコシティ（メキシコ）1968
第3回	セントルイス（アメリカ）1904	第20回	ミュンヘン（ドイツ）1972
第4回	ロンドン（イギリス）1908	第21回	モントリオール（カナダ）1976
第5回	ストックホルム（スウェーデン）1912	第22回	モスクワ（ソ連）1980
第6回	第一次世界大戦のため中止 1916	第23回	ロサンゼルス（アメリカ）1984
第7回	アントワープ（ベルギー）1920	第24回	ソウル（韓国）1988
第8回	パリ（フランス）1924	第25回	バルセロナ（スペイン）1992
第9回	アムステルダム（オランダ）1928	第26回	アトランタ（アメリカ合衆国）1996
第10回	ロサンゼルス（アメリカ）1932	第27回	シドニー（オーストラリア）2000
第11回	ベルリン（ドイツ）1936	第28回	アテネ（ギリシア）2004
第12回	第二次世界大戦のため中止 1940	第29回	北京（中国）2008
第13回	第二次世界大戦のため中止 1944	第30回	ロンドン（イギリス）2012
第14回	ロンドン（イギリス）1948	第31回	リオデジャネイロ（ブラジル）2016
第15回	ヘルシンキ（フィンランド）1952	第32回	東京（日本）2020 予定
第16回	メルボルン（オーストラリア）1956	第33回	パリ（フランス）2024 予定
第17回	ローマ（イタリア）1960	第34回	ロサンゼルス（アメリカ）2028 予定

冬季オリンピック開催地

第1回	シャモニー・モンブラン（フランス）1924	第17回	リレハンメル（ノルウェー）1994
第2回	サン・モリッツ（スイス）1928	第18回	長野（日本）1998
第3回	レークプラシッド（アメリカ）1932	第19回	ソルトレイクシティ（アメリカ）2002
第4回	ガルミッシュ・パルテンキルヘン（ドイツ）1936	第20回	トリノ（イタリア）2006
第5回	サン・モリッツ（スイス）1948	第21回	バンクーバー（カナダ）2010
第6回	オスロ（ノルウェー）1952	第22回	ソチ（ロシア）2014
第7回	コルチナ・ダンペッツォ（イタリア）1956	第23回	平昌（韓国）2018
第8回	スコー・バレー（アメリカ）1960	第24回	北京（中国）2022 予定
第9回	インスブルック（オーストリア）1964		
第10回	グルノーブル（フランス）1968		
第11回	札幌（日本）1972		
第12回	インスブルック（オーストリア）1976		
第13回	レークプラシッド（アメリカ）1980		
第14回	サラエボ（ユーゴスラビア）1984		
第15回	カルガリー（カナダ）1988		
第16回	アルベールビル（フランス）1992		

- ヨーロッパ州
- 北アメリカ州
- 南アメリカ州
- アジア州
- オセアニア州
- アフリカ州

▼ 1984年ロサンゼルス（アメリカ）

▲ 1976年モントリオール大会（ルワンダ）

▲ 1980年モスクワ大会（ポーランド）

◀ 1998年長野パラリンピック（日本）

◀ 2000年シドニーパラリンピック（オーストラリア）

から80年代に方向転換します。1974（昭和49）年にオリンピック憲章から「アマチュア」という言葉がけずられました。スポーツで収入を得る選手が増えてきたことへの対応でした。

一方、オリンピックが派手になるにつれ、ばくだいな費用が問題になってきます。1976年のモントリオール大会の赤字は1兆円で、返済に30年かかりました。

1984年のロサンゼルス大会から、広告料などを収入源にする「オリンピックの商業化」の時代がはじまります。21世紀をむかえるころには、広告収入にテレビ放映権料の収入が加わって、オリンピックの財政規模はいっきょに10倍以上にふくれあがります。オリンピックは「金の卵を産む大会」になったのです。

また、参加選手数が1万人をこえるようになると、開催費用も増大し、経済的に豊かでない国は開催できないほど大規模になりました。そのため、オリンピック招致熱も冷えこんできています。2004（平成16）年の大会では11都市が立候補しましたが、2028年大会の立候補はわずか1都市。無投票でロサンゼルスに決まりました。

商業化がはじまった1984年から30年を経て、オリンピックは転換期をむかえています。2020年の東京オリンピックは、環境に配慮した施設の整備や市民生活への影響などともに、赤字を出さずに開催できるかどうかが注目されています。

23

オリンピックの名試合を調べよう
オリンピック名勝負・名場面

写真:毎日新聞社

ミュンヘンの奇跡　日本3－2ブルガリア
1972年ミュンヘン大会／男子バレーボール準決勝

　1964（昭和39）年の東京で銅、68年のメキシコで銀だった男子バレーボールの日本代表。松平康隆監督のもと、フライングレシーブや時間差攻撃を工夫して悲願の金メダルを目ざしていたが、準決勝のブルガリア戦はギリギリの勝利だった。相手のエースに一方的に決められ、日本は2セットを先取され、第3セットも5－7と追いこまれた。松平監督は、30代のベテラン南将之選手と中村祐造選手を投入。南選手は独特のプレーで得点を重ね、このセットをうばいかえす。さらに2セットを連取して、日本は準決勝を奇跡的に勝ち上がった。この勝利は「ミュンヘンの奇跡」とよばれる。日本は決勝の東ドイツ戦も逆転で3－1と勝利し、念願の金メダルを獲得した。

月下の死闘　フレッド・ハンセン選手5m10cm
1964年東京大会／陸上棒高跳び決勝

　東京オリンピックの8日目。日が暮れた国立競技場では照明がつけられ、ほかのすべての種目が終了したフィールドで棒高跳びの決勝が続いていた。終盤戦は、5m00を跳んだ4人の選手と5m00をパスした2人、計6人の戦い。次は5m05。4選手は脱落し、ドイツのヴォルフガング・ラインハルト選手ただ1人がクリアした。アメリカのフレッド・ハンセン選手はこれをパスした。そしてバーは5m10cmに上がる。ハンセン選手は2回失敗したが、最後の跳躍でバーをこえた。ラインハルト選手は、3回目もバーをこえることができなかった。時計は夜10時を回っていた。午後1時に19人ではじまった決勝戦は、9時間7分におよんでいた。ハンセン選手は、大逆転でアメリカに棒高跳び15連勝をもたらした。

プラハの春で世界が注目　チェコスロバキア5－4ソ連
1968年冬グルノーブル大会／アイスホッケー決勝リーグ

　「プラハの春」とよばれた改革をはじめたチェコスロバキア（チェコ）に対し、ソ連（いまのロシア）政府は強く反発、チェコとソ連は激しく対立していた。両国ともアイスホッケーが「国技」で、両者の対決に世界中の関心が集まった。ソ連代表は5年間負けなし。国際試合39連勝中で、この試合も圧倒的にソ連が支配した。ところがチェコは必死の逆襲でリードをうばう。終了直前、ソ連が同点に追いついたが、その直後、チェコがまた逆襲でゴール。地元フランスの観客は熱狂した。試合後、ソ連の選手たちはチェコ代表の勝利を祝福した。政治とスポーツは関係ないという態度が、また会場の拍手をよんだ。（結局この年の8月、ソ連の軍事侵攻で「プラハの春」はつぶされている）

残り3秒の奇跡　ソ連51－50アメリカ
1972年ミュンヘン大会／男子バスケットボール決勝

　バスケット王国アメリカ。前回までオリンピック7連覇、しかも無敗。圧倒的な実力をほこっていた。それに挑戦したのが東西冷戦で対立するソ連だった。決勝戦は激しいつぶしあいになった。49対48。ソ連1点リードの終了3秒前、アメリカがフリースローを獲得。2本とも決めて得点は50対49。この試合初めてアメリカがリードをうばい、試合終了のブザーが鳴った。ところが、観客がなだれこむ大混乱のなか、残り時間3秒からやり直しの判定になった。ソ連はロングパスで奇跡の逆転優勝、アメリカの連覇を止めた。アメリカはこの判定に抗議して表彰式を欠席。手渡されなかった銀メダルは、いまでもミュンヘン市庁舎の金庫に保管されているという。

完走をあきらめない　ガブリエラ・アンデルセン37位
1984年ロサンゼルス大会／女子マラソン

　オリンピックで初めての女子マラソンは暑さとの戦いだった。トップ選手のゴール後15分が過ぎたころ、1人の選手が競技場に入ってきた。最初こそふらふらしながら走っていたが、次には歩き出した。体が大きくかたむき、レーンにそって歩くことさえできない。右へよろよろ、左へよろよろ。それでも一歩一歩前へ足を進める。競技役員がかけ寄ると、彼女はそれをこばんで歩き続ける。スタンドの拍手が鳴りやまない。競技場を1周するのに5分以上を要し、5人にぬかれた。選手の名はガブリエラ・アンデルセン（スイス）。タイムは2時間48分42秒。ゴール後、医師たちにかかえられて車で運ばれる彼女を、観客全員がスタンディングオベーションで見送った。

写真:gettyimages

4章 オリンピック

マイアミの奇跡　日本 1－0 ブラジル
1996年アトランタ大会／男子サッカーグループリーグ

メキシコ大会での銅メダル以来、28年ぶりにオリンピック出場の日本は、グループリーグでブラジルと対戦。最終的なシュート数は、ブラジル28本、日本がわずか4本と、内容ではブラジルが圧倒していた。猛攻に耐える日本は後半27分、左サイドから相手ゴール前にクロスを上げる。ボールを追うブラジルのディフェンスとゴールキーパーが激突した。ボールが無人のゴール前にころがるところを、走りこんだ伊東輝悦選手が押しこんだ。日本はこの1点を守りきり、貴重な勝利をあげた。日本の勝利は「世紀のアップセット」「ジャイアントキリング」と世界の注目を集めた。いずれも予想に反して弱者が強敵をたおすことをいう。

写真：報知新聞／アフロ

涙の日の丸飛行隊　日本チーム優勝
1998年長野オリンピック／スキージャンプ団体

この大会、船木和喜選手がラージヒルで金、ノーマルヒルで銀、原田雅彦選手がラージヒルで銅をとり、日本チームは勢いづいた。原田の失敗ジャンプ（97.5m）で目の前の金メダルをのがしてしまった前回のリレハンメル大会から4年、あのときのくやしさを晴らすときがきていた。しかし岡部孝信、斎藤浩哉、船木の3選手が118.5mから130mを飛ぶなか、最悪の天候条件で飛んだ原田のジャンプは、79.5mにとどまった。1本目を終わって日本は4位だった。そして2本目。岡部が137mの大ジャンプを決めて日本を1位に押しあげると、原田も137mを飛んだ。斎藤と船木も120m台を出す。137m2本を出した日本チームは933.0点で、2位のドイツチーム（897.4点）に大差をつけて優勝を決めた。29歳、最年長の原田が号泣した。

笑顔の敗戦なでしこジャパン　アメリカ 2－1 日本
2012年ロンドン大会／女子サッカー決勝

前年の女子ワールドカップで日本がPK戦の末アメリカに勝利、初優勝をかざったのに続き、2年連続で同じカードとなった女子サッカーの決勝戦。試合は、実力で上まわるアメリカが先制していた。前半26分、日本にフリーキックのチャンス。宮間あや選手のキックはアメリカ選手の手に当たった。もしPKなら同点の場面だが、審判の笛は鳴らなかった。日本は逆にアメリカに追加点を許した。大儀見優季選手のゴールで1点を返すが、アメリカが2－1で逃げ切った。試合直後は涙を流していた「なでしこジャパン」。表彰式では打って変わり、笑顔で全員が手をつないで入場したのが印象的だった。

水の怪物の対決　イアン・ソープ 対 マイケル・フェルプス
2004年アテネ大会／競泳

アテネ・オリンピックの競泳競技は、イアン・ソープ選手（オーストラリア）とマイケル・フェルプス選手（アメリカ）の新旧対決（メダル争い）が注目されていた。ソープは、それまでにオリンピックで3、世界水泳選手権で11の金メダルを獲得、「超人」といわれる自由形のスイマー。これに対しフェルプスは、前年の世界水泳で金4、銀2をとって急成長しているバタフライ中心のオールマイティー・スイマーだった。アテネの1週間の水泳競技で2人が獲得したメダルは、ソープが金2銀1銅1、フェルプスが金6、銅2だった。ソープは、バタフライ、個人メドレーなどを制したフェルプスにトップの座をゆずり、大会の2年後には引退した。フェルプスは「水の怪物」とよばれ、以後、リオデジャネイロ大会までの4大会で金23をふくむ28個のメダルをとっている。

延長の末の逆転勝利　日本 41－40 ドイツ
2012年ロンドン大会／フェンシング男子フルーレ団体準決勝

太田雄貴選手がこの4年前の大会でフルーレ個人で準優勝するまで、フェンシングは日本がメダルをとったことのない競技だった。千田健太、三宅諒、淡路卓、太田雄貴の4選手でのぞんだフルーレ団体。準々決勝で中国に勝利して進んだ準決勝の相手は世界3位のドイツだった。途中で追いあげられ、3点リードで最後に太田がピスト（台）に上がる。しかし太田は立て続けに点を取られて逆転された。残り9秒で2点差。それでも残り6秒で1点を返し、最後の1秒で40対40の同点に持ちこんだ。緊迫した延長戦。ドイツ選手の得点ランプが続けて2度点灯。しかし、どちらも無効。3度目は両者同時にランプがついた。判定の結果、太田に得点があたえられた。決勝のイタリア戦には敗れたものの、フェンシング団体の銀メダルは日本にとって予想外の快挙だった。

新聞記者になったつもりで、スポーツの名試合を書いてみよう。

記憶や記録にのこる名選手を調べよう
オリンピックの名選手たち

ビョルン・ダーリ
ノルウェー

3大会でスキー・クロスカントリーの金8、銀4。冬季大会の金8は同じ国のバイアスロン選手、ビョルンダーレンと並び最多。
（1992アルベールビル、94リレハンメル、98長野）

ベラ・チャスラフスカ
チェコスロバキア（現在はチェコ）

東京大会の女子体操で個人総合など金3、銀1。メキシコ大会は6種目すべてでメダル（金は4）。「オリンピックの名花」とよばれた。
（1960ローマ、64東京、68メキシコ）

レオニド・ジャボチンスキー
ソ連（現在はウクライナ）

重量あげヘビー級で東京大会とメキシコ大会2連覇。世界記録も19回更新。
（1964東京、68メキシコ）

ジャン・クロード・キリー
フランス

滑降・大回転・回転と、当時のスキー・アルペンの全種目で金。1956年コルチナ・ダンペッツオ大会のトニー・ザイラー以来の「三冠王」。
（1968グルノーブル）

ナディア・コマネチ
ルーマニア

モントリオール大会の女子体操、14歳で個人総合など金3、銀1、銅1。史上初の10点満点を記録した「白い妖精」。モスクワ大会も金2、銀2。
（1976モントリオール、80モスクワ）

高橋尚子
日本

女子マラソンで日本の女子陸上選手として初の金メダル獲得。その年、国民栄誉賞を受賞。愛称は「Qちゃん」。
（2000シドニー）

郭晶晶
中国

水泳の飛びこみ競技で14歳からオリンピック出場。シドニーで銀2、アテネと北京で金メダル4獲得。
（1996アトランタ、2000シドニー、04アテネ、08北京）

アベベ・ビキラ
エチオピア

唯一のマラソン連覇（1960年ローマ、1964年東京）。ローマ大会では靴がこわれて裸足で優勝。事故で負傷後はパラリンピックにも出場。
（1960ローマ、64東京）

キプチョゲ・ケイノ
ケニア

メキシコ大会陸上1500mでケニア初の金、5000mは銀。ミュンヘン大会は3000m障害で金、1500mで銀。世界記録も出した。
（1968メキシコ、72ミュンヘン）

キャシー・フリーマン
オーストラリア

オーストラリアの先住民アボリジニ出身。アトランタ大会では銀。地元開催のシドニー大会では開会式で聖火を点灯、陸上400mで金。
（1996アトランタ、2000シドニー）

4章　オリンピック

エリック・ハイデン
アメリカ

レークプラシッド大会スピードスケート5種目で金（500m、1000m、1500m、5000m、1万m）。五冠王。
（1976インスブルック、80レークプラシッド）

マイケル・フェルプス
アメリカ

水泳短距離のマルチスイマー。5回出場でメダル28個（うち金メダル23個）と史上最多。一度引退したが復帰。
（2000シドニー、04アテネ、08北京、12ロンドン、16リオデジャネイロ）

北島康介
日本

水泳の平泳ぎ100mと200mでオリンピック2連覇。男子400mメドレーリレーでも3大会で銀1、銅2のメダル獲得。
（2000シドニー、04アテネ、08北京、12ロンドン）

カール・ルイス
アメリカ

オリンピック4大会に出場、陸上短距離・走り幅跳び・400mリレーで金メダル合計9、銀1。アメリカの英雄。
（1984ロサンゼルス、88ソウル、92バルセロナ、96アトランタ）

ジェシー・オーエンス
アメリカ

ベルリン大会で陸上短距離、幅跳びで4冠。白人優位の人種差別主義を主張したヒトラーにアフリカ系の力を見せつけた。
（1936ベルリン）

加藤沢男
日本

体操で個人総合2連覇、団体3連覇。種目別もふくめ金8、銀3、銅1と獲得メダル数は日本最多、世界でも上位。
（1968メキシコ、72ミュンヘン、76モントリオール）

マーク・スピッツ
アメリカ

水泳短距離自由形・バタフライとリレーで2大会に出場。ミュンヘン大会で1大会7個の金メダル獲得。08年にフェルプスに破られるまで最多記録だった。
（1968メキシコ、72ミュンヘン）

ウサイン・ボルト
ジャマイカ

驚異的な世界記録（陸上100m9秒58）保持者。オリンピック金メダル合計8、100mと200mの「二冠3連覇」は史上唯一。
（2004アテネ、08北京、12ロンドン、16リオデジャネイロ）

イアン・ソープ
オーストラリア

シドニー、アテネの2大会出場、水泳自由形100・200・400m・リレーで金5個をふくめメダルを9個獲得。
（2000シドニー、04アテネ）

ネイマール
ブラジル

リオデジャネイロ大会男子サッカー、主将として金メダル獲得。ブラジルはオリンピックサッカーで初優勝。
（2012ロンドン、16リオデジャネイロ）

競技一覧と金メダル獲得種目

2020 東京オリンピック競技種目一覧

男 子	女 子

アーチェリー（5種目）

男子	女子
個人総合	個人総合
団体	団体
混合団体	

ウエイトリフティング（14種目）

金64 金68

男子	女子
階級未定	48kg級
階級未定	53kg級
階級未定	58kg級
階級未定	63kg級
階級未定	69kg級
階級未定	75kg級
階級未定	75kg超級

カヌー（16種目）

男子	女子
カヤックシングル 200m	カヤックシングル 200m
カヤックシングル 1000m	カヤックシングル 500m
カヤックペア 1000m	カヤックペア 500m
カヤックフォア 500m	カヤックフォア 500m
カナディアンシングル 1000m	カナディアンシングル 200m
カナディアンペア 1000m	カナディアンペア 500m
スラローム カヤック	スラローム カヤック
スラローム カナディアンシングル	スラローム カナディアンシングル

NEW 空手（8種目）

男子	女子
形	形
組手 階級未定	組手 階級未定
組手 階級未定	組手 階級未定
組手 階級未定	組手 階級未定

近代五種（2種目）

男子	女子
個人	個人

ゴルフ（2種目）

男子	女子
個人	個人

サッカー（2種目）

男子	女子
サッカー	サッカー

NEW サーフィン（2種目）

男子	女子
ショートボード	ショートボード

自転車（22種目）

男子	女子
BMXフリースタイル	BMXフリースタイル
BMXレーシング	BMXレーシング
マウンテンバイク	マウンテンバイク
ロードレース	ロードレース
個人タイムトライアル	個人タイムトライアル
チームスプリント	チームスプリント
スプリント	スプリント
ケイリン	ケイリン
チームパシュート	チームパシュート
オムニウム	オムニウム
マディソン	マディソン

射撃（15種目）

男子	女子
10m エアピストル	10m エアピストル
エアピストル混合	
25m ラピッドファイアピストル	25m ピストル
金84	
10m エアライフル	10m エアライフル
10m エアライフル混合	
50m ライフル3姿勢	50m ライフル3姿勢
トラップ	トラップ
トラップ混合	
スキート	スキート

柔道（15種目）

男子：金金金64 金72 金76 84 金88 金92 金96 00 金金04 金 金08 金16
女子：金96 金00 金 金04 金08 金12 金16

男子	女子
60kg級	48kg級
66kg級	52kg級
73kg級	57kg級
81kg級	63kg級
90kg級	70kg級
100kg級	78kg級
100kg超級	78kg超級
混合団体	

水泳（49種目）

男子	女子
50m自由形	50m自由形
100m自由形	100m自由形
金32	
200m自由形	200m自由形
400m自由形	400m自由形
800m自由形	800m自由形
	金04
1500m自由形	1500m自由形
金32 金36	
100m背泳ぎ	100m背泳ぎ
金32 金88	
200m背泳ぎ	200m背泳ぎ
100m平泳ぎ	100m平泳ぎ
金72 金04 金08	
200m平泳	200m平泳
金28 金32 金36	金36 金92 金16
金56 金04 金08	
100mバタフライ	100mバタフライ
金72	
200mバタフライ	200mバタフライ
200m個人メドレー	200m個人メドレー
400m個人メドレー	400m個人メドレー
金16	
4×100mリレー	4×100mリレー
4×200mリレー	4×200mリレー
金32 金36	
4×100mメドレーリレー	4×100mメドレーリレー
4×100m混合メドレーリレー	
3m飛板飛込	3m飛板飛込
10m高飛込	10m高飛込
シンクロダイビング3m飛板飛込	シンクロダイビング3m飛板飛込
シンクロダイビング10m高飛込	シンクロダイビング10m高飛込
水球	水球
—	シンクロナイズドスイミング チーム
—	シンクロナイズドスイミング デュエット
10kmマラソンスイミング	10kmマラソンスイミング

NEW スケートボード（4種目）

男子	女子
パーク	パーク
ストリート	ストリート

NEW スポーツクライミング（2種目）

男子	女子
個人総合	個人総合

セーリング（10種目）

男子	女子
470級	470級
49er級	49er級
RS：X級	RS：X級
レーザー級	レーザーラジアル級
フィン級	—
フォイリングナクラ17（混合）	

体操（18種目）

男子	女子
団体 金60 金64 金68 金72 金76 金04 金16	団体

*種目の階級未定は2018年2月現在。

4章　オリンピック

東京オリンピック（2020年）で行われる全競技全種目の表です。日本がいままでに金メダルを獲得した競技・種目に🥇をつけました（後ろの数字が年）。**NEW** は東京オリンピックで新たに追加・復活された競技です。

個人総合🥇64 🥇68 🥇72 🥇84 🥇12 🥇16	個人総合
ゆか🥇60 🥇68	ゆか
跳馬🥇60 🥇64	跳馬
あん馬	段違い平行棒
つり輪🥇64 🥇68 🥇72 🥇84	平均台
平行棒🥇64 🥇 🥇68 🥇72 🥇76	—
鉄棒🥇56 🥇60 🥇68 🥇72 🥇 🥇76 🥇84	—
—	新体操個人総合
—	新体操団体
トランポリン	トランポリン

卓球（5種目）

シングルス	シングルス
団体	団体
混合ダブルス	

テコンドー（8種目）

58kg級	49kg級
68kg級	57kg級
80kg級	67kg級
80kg超級	67kg超級

テニス（5種目）

シングルス	シングルス
ダブルス	ダブルス
混合ダブルス	

トライアスロン（3種目）

個人	個人
混合団体リレー	

馬術（6種目）

馬場馬術個人	
馬場馬術団体	
総合馬術個人	
総合馬術団体	
障害馬術個人🥇32	
障害馬術団体	

バスケットボール（4種目）

3×3	3×3
バスケットボール	バスケットボール

バドミントン（5種目）

シングルス	シングルス
ダブルス	ダブルス🥇16
混合ダブルス	

バレーボール（4種目）

バレーボール🥇72	バレーボール🥇64 🥇76
ビーチバレーボール	ビーチバレーボール

ハンドボール（2種目）

ハンドボール	ハンドボール

フェンシング（12種目）

フルーレ個人	フルーレ個人
フルーレ団体	フルーレ団体
エペ個人	エペ個人
エペ団体	エペ団体
サーブル個人	サーブル個人
サーブル団体	サーブル団体

ボクシング（13種目）

🥇64 🥇12	
階級未定	51kg級
階級未定	57kg級
階級未定	60kg級
階級未定	69kg級
階級未定	75kg級
階級未定	—
階級未定	—
階級未定	—

ホッケー（2種目）

ホッケー	ホッケー

ボート（14種目）

シングルスカル	シングルスカル
軽量級ダブルスカル	軽量級ダブルスカル
ダブルスカル	ダブルスカル
クオドルプルスカル	クオドルプルスカル
舵手なしペア	舵手なしペア
舵手なしフォア	舵手なしフォア
エイト	エイト

NEW 野球・ソフトボール（2種目）

野球	ソフトボール🥇08

ラグビー（2種目）

7人制ラグビー	7人制ラグビー

陸上競技（48種目）

100m	100m
200m	200m
400m	400m
800m	800m
1500m	1500m
5000m	5000m
10000m	10000m
110mハードル	100mハードル
400mハードル	400mハードル
3000m障害	3000m障害
4×100mリレー	4×100mリレー
4×400mリレー	4×400mリレー
4×400m混合リレー	
走り高跳び	走り高跳び
棒高跳び	棒高跳び
走り幅跳び	走り幅跳び
三段跳び🥇28 🥇32 🥇36	三段跳び
砲丸投げ	砲丸投げ
円盤投げ	円盤投げ
ハンマー投げ🥇04	ハンマー投げ
やり投げ	やり投げ
10種競技	7種競技
マラソン（🥇36 孫基禎）	マラソン🥇00 🥇04
20km競歩	20km競歩
50km競歩	50km競歩

レスリング（18種目）

🥇52 🥇56 🥇04 🥇08 🥇 🥇 🥇64 🥇12 🥇 🥇68 🥇16 🥇72 🥇 🥇76 🥇84 🥇88 🥇12	
57kg級フリースタイル	48kg級フリースタイル
65kg級フリースタイル	53kg級フリースタイル
74kg級フリースタイル	58kg級フリースタイル
86kg級フリースタイル	63kg級フリースタイル
97kg級フリースタイル	69kg級フリースタイル
125kg級フリースタイル	75kg級フリースタイル
59kg級グレコローマンスタイル	—
66kg級グレコローマンスタイル	—
75kg級グレコローマンスタイル	—
85kg級グレコローマンスタイル	—
98kg級グレコローマンスタイル	—
130kg級グレコローマンスタイル	—

ツール・ド・フランスは100年以上続く自転車レース
ロードバイクでフランス一周

ツール・ド・フランスは、毎年7月にフランスを一周して行われる世界最大の自転車ロードレースです。「ツール」とは「一周する」という意味のフランス語です。第1回は1903（明治36）年、すでに100回以上も開催されています。全長約3500kmのコースで、21回のロードレースが行われ、のべ1500万人もの観客が沿道で選手を応援します。

日本選手では、川室 競 選手（1926年）、今中大介選手（1996年）、別府史之選手（2009年）、新城幸也選手（2009、10、12、13、14、16、17年）が出場しています。

写真は、パリのシャン＝ゼリゼ通り。後ろに凱旋門が見えます。

総合1位は王者の黄色のジャージを着られるんだよ。写真で黄色いジャージを着ているのは、2017年の総合1位クリス・フルーム選手（イギリス）だよ。

写真:AP/アフロ

総合優勝者がチャンピオン

自転車のロードレースでは、おもに一般の道路が使われます。レース形式には2種類あります。ひとつは1日で行われるワンデーレース、もうひとつは2日以上にわたって行われるステージレースです。ステージとは「区間」という意味です。

ツール・ド・フランスは、ステージレースです。23日間の日程で、途中に1日の休みを2回はさみます（合計2日間の休み）。レースは1日に1ステージ、合計21回のステージレースを行い、合計タイムが一番少なかった選手が総合優勝者となります。21回の各ステージ優勝者も、それぞれ賞金がもらえます。ただしステージ優勝がどんなに多くても、ツール・ド・フランスのチャンピオンは、あくまで21回のレースで一番合計タイムの少なかった選手（総合優勝者）です。

すべてはエースのため

2017年のツール・ド・フランスには、22チーム198人の選手が参加しました。チームは9人ずつで構成されています。それぞれのチームには、ふつうは1人のエースがいて、その他の8人はアシストとよばれ、エースを総合優勝させるために、風よけになったり、エースを集団から守ったり、水や食料を運んだりする仕事をします。

自転車は効率よく速く走ることができる道具ですが、前や横からの風の抵抗を大きく受けますから、単独で走るのとチームで隊列を組んで走るのとでは、体力の消耗の度合いが大きく変わってきます。隊列を組む場合、エースは真ん中あたりを走り体力を温存します。アシストの選手は先頭を交代しながら体力がなくなるまでがんばり、チームのエースをゴールに向かわせるのです。アシストの力なしでは、

ツール・ド・フランスでの特別なジャージ

① 前日までの総合1位の選手は、黄色のジャージを着て走ります。このジャージは「マイヨジョーヌ」とよばれる、王者の称号です。② の水玉模様は、山岳ポイントを一番多く取った選手が着ます。③ の緑はポイント賞（ステージの着順などであたえられるポイント）を多く取った選手が着ます。

30

5章　ツール・ド・フランス

ツール・ド・フランスのステージ(2017年)

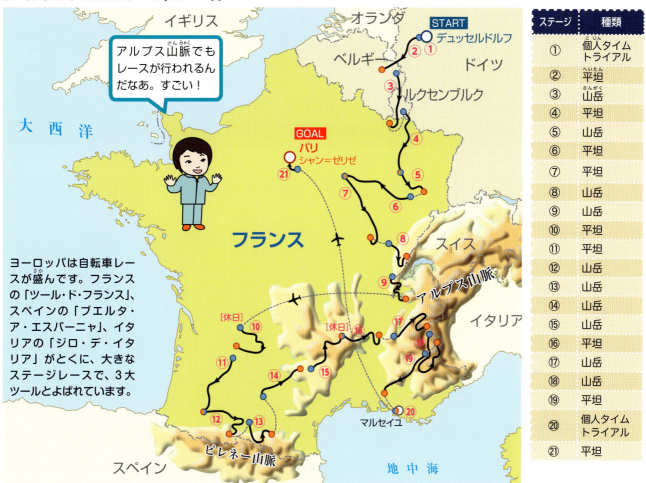

ステージ	種類
①	個人タイムトライアル
②	平坦
③	山岳
④	平坦
⑤	山岳
⑥	平坦
⑦	平坦
⑧	山岳
⑨	山岳
⑩	平坦
⑪	平坦
⑫	山岳
⑬	山岳
⑭	山岳
⑮	山岳
⑯	平坦
⑰	山岳
⑱	山岳
⑲	平坦
⑳	個人タイムトライアル
㉑	平坦

ヨーロッパは自転車レースが盛んです。フランスの「ツール・ド・フランス」、スペインの「ブエルタ・ア・エスパーニャ」、イタリアの「ジロ・デ・イタリア」がとくに、大きなステージレースで、3大ツールとよばれています。

エースも総合上位にはなれません。ロードレースでは、優勝賞金をチーム全員でひとしく分けるのがふつうです。個人競技でありながら、団体競技のようなおもしろさをあわせ持つのが、ロードレースの魅力です。

ステージの特徴を見よう

21のステージは、平坦コース、山岳コース、タイムトライアルコースと大きく3つに分けられています。選手もまた、平坦コースが得意で最後の直線勝負にかけるスプリンター、山岳コースの坂登りが得意なクライマー、タイムトライアルが得意な選手などがいます。アシストの選手であっても、ステージによっては、エースのサポートを休んでステージ優勝をねらうこともあります。日本の新城幸也選手はアシストとして2009（平成21）年大会に初出場。第2ステージでは、ゴール前のスプリントでがんばり、5位に入る活躍を見せ、日本の自転車ファンを喜ばせました。

東京オリンピックの自転車ロードレースのコース

2020年東京オリンピックの自転車競技は、スプリント、マウンテンバイク、BMX、ロードレースなど、男女で22種目も行われます。ロードレースのコースは、IOCが「テレビ中継で富士山が見えるようなコース設定を」と要請し、下の図のようになりました。

1877年にはじまった芝生の戦い
ウィンブルドンの歴史

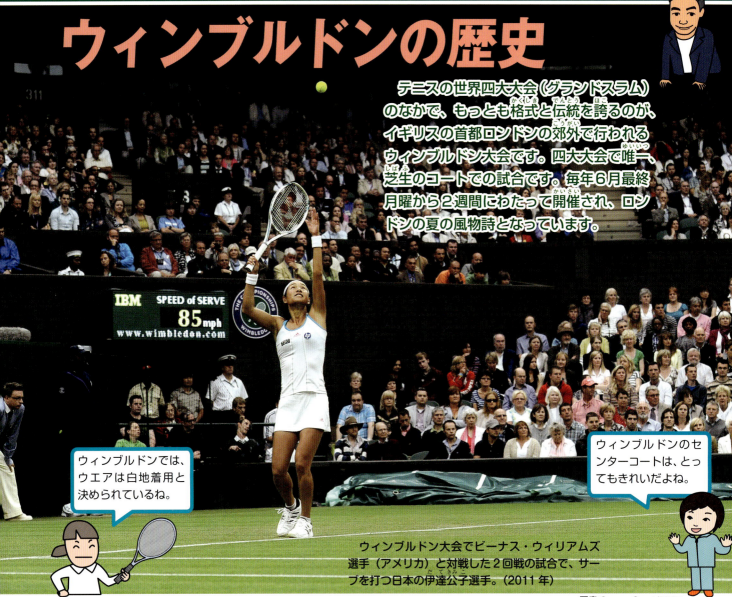

テニスの世界四大大会（グランドスラム）のなかで、もっとも格式と伝統を誇るのが、イギリスの首都ロンドンの郊外で行われるウィンブルドン大会です。四大大会で唯一、芝生のコートでの試合です。毎年6月最終月曜から2週間にわたって開催され、ロンドンの夏の風物詩となっています。

ウィンブルドンでは、ウエアは白地着用と決められているね。

ウィンブルドンのセンターコートは、とってもきれいだよね。

ウィンブルドン大会でビーナス・ウィリアムズ選手（アメリカ）と対戦した2回戦の試合で、サーブを打つ日本の伊達公子選手。（2011年）

写真：CameraSport/アフロ

ウィンブルドン大会の歴史

世界最古のテニストーナメントであるウィンブルドン大会の正式名称は、「ザ・ローン・テニス・チャンピオンシップス・オン・グラス」といいます。

国のテニス協会ではなく、民間のオールイングランド・ローンテニス・アンド・クローケー・クラブが主催する、めずらしい大会です。他の四大大会の全豪オープン*、全仏オープン、全米オープンはその国のテニス協会が主催するナショナルオープンなのに対して、民間主催のウィンブルドン大会はオープンではあっても「全英」ではないということです。日本では他の大会にそろえて「全英オープン」とよぶ場合もあります。

大会の起源は、1877年、クラブが芝生の手入れ用のローラーを購入するために資金集めとして開いた大会だったといいます。優勝者には、クラブ会長のケント公爵エドワード王子からトロフィーが手渡されます。

ウィンブルドン大会には、独自のルールがあります。たとえば出場選手は、試合はもちろん練習コートでも白を基調としたウエアの着用が義務づけられます。これは、テニスが紳士淑女のスポーツであることから、汗のしみが見えにくいように白を着るということです。

また、2週間の大会期間中、1週目と2週目のあいだの日曜日は「ミドル・サンデー」とよび、休養日としています。ただ、この時期のロンドンは雨が多く、試合日程が消化できずにミドル・サンデーに試合を行ったことが、過去に4度だけあります（2017年大会時点）。

*オープン大会：プロ選手とアマチュア選手がともに参加する大会。

6章　ウィンブルドン大会

芝生の戦いと降雨による中断

ウィンブルドンの最大の特徴は、四大大会でただひとつ芝生のコートで行われることです。以前は、全仏オープンをのぞく3大会は芝生のコートで行われていましたが、芝の手入れが大変なことから全米は1978年に、全豪は1987年にアスファルトなどを基礎としたハードコートに変更されました。

芝生のコートは、ハードコートや土を固めたクレーコートよりもバウンドした打球が速くなるため、速いサーブを打てる選手（ビッグサーバー）が有利な傾向があります。また、芝のコンディションによってバウンドした打球が不規則になります。

また、試合中の降雨による中断もウィンブルドン名物です。中断により、体調やメンタルを維持できずに予想外の敗戦をしてしまうプレーヤーもいます。日本の伊達公子選手が1996（平成8）年の大会で、当時の世界トップだったドイツのグラフ選手と2日間にわたる試合の末に敗れたときも、雨による中断があった試合でした。

決勝戦などが行われるセンターコートには、2009年に可動式の屋根が設置されました。

プレーだけでなく、選手たちの精神力の戦いを見られるのもこの大会のおもしろさです。

ウィンブルドン大会シングルス優勝回数ベスト5 (2017現在)

男子	国	回
ロジャー・フェデラー	スイス	8
ウィリアム・レンショー	イギリス	7
ピート・サンプラス	アメリカ	7
ローレンス・ドハティー	イギリス	5
ビヨン・ボルグ	スウェーデン	5

女子	国	回
マルチナ・ナブラチロワ	チェコ、アメリカ	9
ヘレン・ウィルス・ムーディ	アメリカ	8
ドロテア・ダグラス	イギリス	7
シュテフィ・グラフ	ドイツ	7
セリーナ・ウィリアムズ	アメリカ	7

名勝負　ボルグ vs マッケンロー

ウィンブルドン大会史上、最高の名勝負として語り継がれているのが、1980（昭和55）年の男子シングルス決勝、ビヨン・ボルグ（スウェーデン）対ジョン・マッケンロー（アメリカ）です。

ボルグは1976年からウィンブルドン大会4連覇中で、芝生のコートでは無敵を誇っていました。

かたやマッケンローは、ボルグより3歳年下、前年の全米オープンを20歳で制し、自由ほんぽうな言動は、若者に人気がありました。

ボールをこすりあげるように打つボルグのフォアハンドのトップ・スピンは、安定感ばつぐんでした。マッケンローは、サウスポーからの強烈なサーブとネットにダッシュしてのボレーを得意としていました。正反対のテニススタイルに、世界中のテニスファンが注目しました。

試合は、第1セットを6-1でマッケンローがあっさり取り、続く第2、3セットはボルグが取って逆転、5連覇に王手をかけます。そして伝説となる第4セット。両者ゆずらぬゲームは6-6のタイブレーク＊となり、マッケンローはボルグの7回のマッチポイントをしのぎ、18-16というスコアでこのセットをうばい、最終セットに持ちこみます。

ここでボルグは息をふき返しました。彼は冷静沈着なプレーから〝アイスマン（氷の男）〟とよばれていましたが、壮絶なタイブレークに破れてセットを失った直後でも、全く熱くならずにいつもの正確なショットを繰り出し、最終セットをものにし、3時間55分におよぶ伝説の試合は幕を閉じました。

翌1981年の決勝も同カードとなり、その試合ではマッケンローが3-1で雪辱し、ボルグの6連覇を阻止しました。

＊タイブレーク：2ポイント差をつけて7ポイント先取。もしくは6ポイント同士になってからは2ポイント連続で先取するルール。

ボルグ　マッケンロー

ウィンブルドンで活躍した日本人

戦前の名プレーヤー

▶清水善造選手

100年近く前にも、すごい選手はいたんだね。

清水善造（1891～1977年）

1920（大正9）年、日本人選手として初めてウィンブルドン大会に出場しました。群馬県出身の清水は、旧制高崎中学で軟式テニス（ソフトテニス）と出会い、社会人となって本格的にテニス選手として活躍しました。

単身イギリスに渡り、初出場ながらベスト4にまで進出しました。翌年も出場してベスト8。この活躍で1920年の世界ランキングでは9位、21年は4位になりました。

清水はとても礼儀正しく、海外のテニスファンから「ミスター・シミー」という愛称でよばれました。

佐藤次郎（1908～34年）

清水と同様に軟式テニスから始めました。早稲田大学在学中に日本ランキング1位になるほど若いころから活躍。ウィンブルドンでは1932（昭和7）年、33年と連続でベスト4。33年は布井良助と組んだダブルスで準優勝。この年の全仏オープンでは、イギリスのフレッド・ペリーを破り、世界ランキングも3位になりました。

三木龍喜（1904～66年）

1934（昭和9）年、イギリスのドロシー・ラウンドとのペアで、ウィンブルドン混合ダブルスに日本人として初めて優勝。

戦後の名プレーヤー

沢松和子（1951年～　）

1975（昭和50）年、日系三世のアン清村（アメリカ）とのペアでウィンブルドン女子ダブルスで優勝。これは日本女子初の四大大会での優勝という快挙でした。

テニスの名門一家に生まれ育った沢松は、ジュニアから活躍、1967年から75年の8年間は国内で192連勝しました。シングルスは、ウィンブルドンでは3回戦止まりだったものの、全豪オープンではベスト4、全仏オープンと全米オープンではベスト8の成績を残しました。

松岡修造（1967年～　）

1995（平成7）年、男子では62年ぶりのウィンブルドンベスト8に進出。ビッグサーバーとして活躍しました。現在は人気のスポーツキャスターとなっています。

伊達公子（1970年～　）

1996年、ウィンブルドン女子シングルス準決勝まで進み、ドイツの名選手シュテフィ・グラフを相手に2日間にわたる激闘の末に敗れ、ベスト4となりました。このシーズン終了後に一度は引退。2008年に現役復帰し、17年まで活躍しました。

杉山愛（1975年～　）

女子シングルスとダブルスで世界ランキングトップ10入りした名選手。ウィンブルドンでは、シングルスでベスト8、ダブルスでベルギーのキム・クライシュテルスとのペアで優勝（2003年）、混合ダブルスでもベスト4。1994年ウィンブルドン大会から2009年の全米オープンまで、四大大会シングルス連続出場62回という記録を持っています。

錦織圭（1989年～　）

日本人選手として四大大会のシングルスで唯一決勝の舞台（2014年、全米オープン）に立った選手です。ウィンブルドンでは4回戦進出が2度あるだけで、目立った活躍はまだ見せていません。サーブ力も増し、芝生のコートでの対応力も上がっているので、今後の活躍が期待されています。

6章　ウィンブルドン大会

世界四大大会

国際テニス連盟（ITF）が定めた世界四大大会を「グランドスラム」といいます。

1人の選手が同じ年に四大大会すべてに優勝することを「年間グランドスラム」といいます。過去にシングルスでそれを達成した選手は、男女合わせて5人しかいません。また、選手生活のあいだにグランドスラムを達成することを「生涯グランドスラム」といいます。

1月後半からオーストラリアのメルボルンで開催されるのが全豪オープン。シーズン最初の四大大会。真夏の南半球で行われるので、真冬の北半球の有力選手が欠場したり、本来の力を発揮できないこともある、番狂わせの起こりやすい大会といわれます。ハードコートで行われています。

5月末から6月初旬にフランスのパリ郊外で開催されるのが全仏オープン。赤土とよばれるレンガの粉を固めたクレーコートで行われます。クレーコートを得意とする選手と不得手とする選手がはっきりしていることから、グランドスラムをめざす選手にとっては障壁になる場合があります。全仏オープンでは、場内アナウンスや審判のコールもフランス語で行われます。

そして、6月末からイギリスで、ウィンブルドン大会が行われます。

四大大会の最終戦が、8月末から9月初旬にアメリカのニューヨーク市郊外で開催される全米オープン。観客動員数や賞金総額は世界一です。ハードコートで行われ、センターコートであるアーサー・アッシュ・スタジアムは、2万3000人を収容できる世界最大規模のテニスコートです。

シングルスで年間グランドスラムを達成した選手

選手名	国	年
ドン・バッジ	アメリカ	1938
ロッド・レーバー	オーストラリア	1962 1969
モーリーン・コノリー	アメリカ	1953
マーガレット・S・コート	オーストラリア	1970
シュテフィ・グラフ	西ドイツ	1988

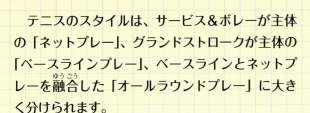

テニスのスタイルや戦法を見よう

テニスのスタイルは、サービス&ボレーが主体の「ネットプレー」、グランドストロークが主体の「ベースラインプレー」、ベースラインとネットプレーを融合した「オールラウンドプレー」に大きく分けられます。

🎾 ネットプレー

1980年代に活躍したジョン・マッケンローは、ネットプレーでファンを魅了しました。あとを継ぐように登場したのが、ビックサーバーとして知られたドイツのボリス・ベッカーとそのライバルだったスウェーデンのステファン・エドバーグです。ベッカーの登場によって、テニスの高速化が一気に進みました。サービス&ボレーの戦術は、バウンドした打球が速くなる芝生のコートで有利です。

しかし、ネットでの高度な技術が要求されるネットプレーばかりでは安定性に欠けることから、近年はこうしたプレースタイルが少なくなりました。

🎾 ベースラインプレー

1990年代後半は、ベースラインスタイルとオールラウンドの選手がランキングの上位を占めるようになりました。ベースラインプレイヤーの代表選手は、セルビアのノバク・ジョコビッチ、スペインのラファエル・ナダル、錦織圭などです。

彼らに共通するのは、どんな打球にも追いつく足の速さと強烈なトップスピンを武器にしていることです。バウンドが高くなるハードコートでは有利ですが、ラリーが多く、試合時間が長くなるため、体力の消耗が激しくなるというデメリットもあります。

🎾 オールラウンドプレー

アメリカのピート・サンプラス、スイスのロジャー・フェデラーなどがあげられます。高いレベルでグランドストロークが安定し、チャンスと見るや果敢にネットプレーに転じる、その判断力がオールラウンドプレーヤーとしての活躍のカギをにぎります。芝生、クレー、ハードなどあらゆるコートに対応できるプレースタイルです。

プロも参加する野球の国別対抗戦
WBCの歴史

WBCは、世界野球ソフトボール連盟（WBSC）が公認する国別対抗の野球世界一を決める大会です。第1回大会は2006年に行われ、日本が優勝、つづく第2回大会（2009年）も優勝しました。

▲国別対抗戦「第1回WBC（ワールド・ベースボール・クラシック）」で日本が優勝。日本優勝を大きく報じるアメリカの新聞（2006年3月21日）。
写真：産経ビジュアル

WBCはどうしてはじまった

野球発祥の地であるアメリカには、大リーグ（MLB）の優勝決定戦として「ワールドシリーズ」があり、たいへん人気があります。ただし名前こそ「ワールド（世界）」ですが、あくまでもアメリカのプロ野球チームの優勝決定戦です。

大リーグはメジャーリーグともよばれ、世界最高レベルのプロ野球リーグです。1990年代後半以降、日本をはじめとする東アジアの選手や、北中米やカリブ海諸国の選手たちの参加が目立つようになり、国際化が進みました。

そこで大リーグ機構は、収益拡大と野球マーケット拡大のために本格的な世界進出を計画。2000年ごろから、日本やメキシコで大リーグの開幕戦をはじめたのもそのひとつです。

さらに大リーグ機構は、2006（平成18）年3月に「野球の世界一決定戦」を開催すると発表。2005年夏の大リーグオールスターゲームには、14か国の代表が集まって記者会見を行い（まだ参加を表明していなかった日本とキューバは欠席）、大会の正式名称を「ワールド・ベースボール・クラシック（WBC）」とすることを発表しました。

当初、日本野球機構（NPB）は、大リーグ側の一方的な開催発表や、大リーグへの有利な利益配分を理由に参加を保留します。日本プロ野球選手会も、開催時期の問題から不参加を決議しました。ところが、大リーグ機構は日本野球機構に対し、「不参加は日本の国際的な孤立を招くだろう」と警告。これを受けた日本プロ野球選手会も再協議して不参加を撤回、日本の参加が決定しました。

こうして2006年3月、日本とキューバもふくめた16の国・地域が参加して、第1回WBC大会が開催されました。

7章　WBC（ワールド・ベースボール・クラシック）

大会の歴史

WBCは歴史が浅く、試合の方式は毎回改良されていますが、熱戦も多い大会です。ここでは日本代表の戦いの歴史を振り返ってみましょう。

第1回大会（2006年3月）

参加国・地域は16。日本は第1ラウンドを2勝1敗としてグループ2位で第2ラウンドに進出しました。

第2ラウンドは、アメリカ、メキシコ、韓国と同グループ。初戦はアメリカに3-4で敗れ、第2戦はメキシコに6-1で勝利しますが、最終戦の韓国戦に1-2で敗れてしまいます。

ところが、翌日に行われたアメリカ対メキシコ戦で、メキシコが2-1でアメリカを下したため、3戦全勝の韓国をのぞく3チームが1勝2敗となり、ルールによって失点率の最も低かった日本がグループ2位で決勝トーナメント進出に決まりました。試合が行われた地名から「アナハイムの奇跡」と報じられました。

準決勝の相手は、この大会3度目の対戦となる韓国。日本は先発オーダーを替えて雪辱を期します。0-0でむかえた7回表、代打の福留孝介選手の2ランホームランから5点をうばい、上原浩治投手が7回を無失点に抑えて6-0で快勝しました。

決勝戦の相手は強豪キューバです。日本は1回表に4点を取り試合を優位に進めます。しかし、後半キューバに攻めこまれ、8回を終わって6-5。ここでイチロー選手が貴重なタイムリーを放ち、さらに点を加え、日本は10-6でキューバを下しました。

日本はWBCの初代王者となり、MVP（最優秀選手賞）は松坂大輔投手が受賞しました。

第1回大会決勝戦のスコア

	1	2	3	4	5	6	7	8	9	計	H	E
日本	4	0	0	0	2	0	0	0	4	10	10	3
キューバ	1	0	0	0	0	2	0	2	1	6	11	1

第1回大会決勝戦の日本代表

（遊）	川崎	先発　松坂
遊	宮本	中継ぎ　渡辺俊
（二）	西岡	中継ぎ　藤田
（右）	イチロー	セーブ　大塚
（指）	松中	
（左）	多村	
打左	福留	
（捕）	里崎	
（一）	小笠原	
（三）	今江	
（中）	青木	
打中	金城	

第2回大会（2009年3月）

参加国・地域は前回と同じ顔ぶれ。第1ラウンドは2敗すると敗退となる方式で行い、上位2か国が第2ラウンドへ進出。日本は第1ラウンドの1位決定戦を韓国に敗れて2位で通過。

第2ラウンドは、1位決定戦で、その韓国を下して決勝トーナメントに進出しました。

準決勝でアメリカを9-4で下すと、決勝の相手はこの大会5度目の対戦となる韓国。試合は1点を争う厳しいゲームとなり、9回裏に韓国が追いついて3-3で延長戦に突入。10回表、イチロー選手が決勝タイムリーを放ち、2大会連続優勝を決めました。MVPも松坂選手が2大会連続で受賞しました。
⚾決勝　日本 5-3 韓国

第3回大会（2013年3月）

予選ラウンド（2012年9～11月）を新設。野球新興国もふくめて28の国・地域が参加しました。

日本は第1ラウンドをキューバに次ぐ2位、第2ラウンドはオランダを下して1位で通過し、順当に決勝トーナメントに進みました。ところが、準決勝でプエルトリコに1-3で敗れて敗退、大会3連覇をのがしました。
⚾決勝　ドミニカ共和国 3-0 プエルトリコ

第4回大会（2017年3月）

日本は第1、第2ラウンドを1位で順当に通過しました。準決勝の相手は、初優勝をねらうアメリカです。試合は4回表に日本の守備が乱れてアメリカが1点先行。日本は6回裏に菊池涼介選手のホームランで追いつきます。しかし8回表にアメリカが勝ちこし1-2。2大会連続で準決勝敗退となりました。
⚾決勝　アメリカ 8-0 プエルトリコ

WBCの問題と課題

ワールドベースボールクラシック（WBC）が、真の野球世界一決定戦となるためには、問題と課題があります。

問題……

最大の問題は、3月という開催時期です。プロ野球リーグの盛んなアメリカ、日本ともにシーズンの開幕は3月下旬から4月初旬です。

WBCの代表に選出される選手は、例年であれば開幕に合わせてコンディションをつくるピークの時期に、WBCを戦わなければならないのです。WBCに調子のピークを持ってきて活躍したとしても、長いレギュラーシーズンで調子を落としては、選手としての評価は下がります。万一、WBCでの無理がたたって故障してしまえば、選手生命にも関わります。そのため、WBCへの参加を辞退する有力選手が多いのも実情です。有力選手が参加しない大会は、世界一決定戦といっても名ばかりのものになってしまいます。

大会運営側は、大会をさらに盛り上げようと、2021年の第5回大会の開催時期について再検討しています。

課題……

課題のひとつは、レギュラーシーズン開幕前なので、投手の故障防止のために投球数制限をもうけている点です。真の世界一を決める試合で、投球数制限のために、まだ投げられる投手がマウンドを降りるというのはかんがえものです。

また、使用球についても課題があります。WBCで使われるボールは、大リーグのボールと同じもの。世界野球ソフトボール連盟主催の国際大会で使用される「国際球」とはちがうものです。WBCの使用球は、国際球と比較してやや大きく重くなっています。表面がすべりやすいともいわれています。使用球のちがいは、投手にはもちろん、打者にも影響をあたえます。

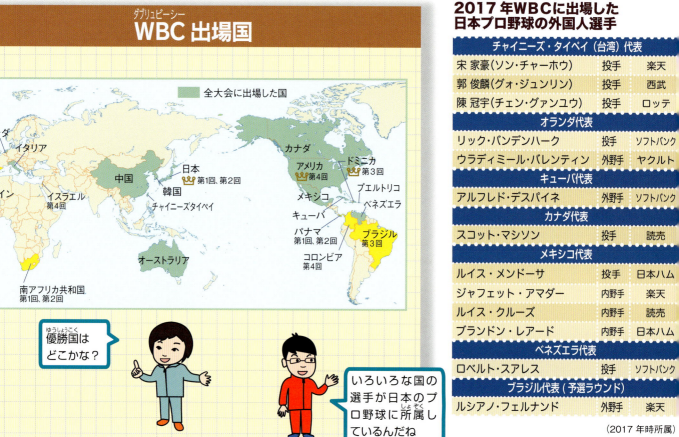

WBC 出場国

2017年WBCに出場した日本プロ野球の外国人選手

チャイニーズ・タイペイ（台湾）代表		
宋 家豪（ソン・チャーホウ）	投手	楽天
郭 俊麟（グォ・ジュンリン）	投手	西武
陳 冠宇（チェン・グァンユウ）	投手	ロッテ
オランダ代表		
リック・バンデンハーク	投手	ソフトバンク
ウラディミール・バレンティン	外野手	ヤクルト
キューバ代表		
アルフレド・デスパイネ	外野手	ソフトバンク
カナダ代表		
スコット・マシソン	投手	読売
メキシコ代表		
ルイス・メンドーサ	投手	日本ハム
ジャフェット・アマダー	内野手	楽天
ルイス・クルーズ	内野手	読売
ブランドン・レアード	内野手	日本ハム
ベネズエラ代表		
ロベルト・スアレス	投手	ソフトバンク
ブラジル代表（予選ラウンド）		
ルシアノ・フェルナンド	外野手	楽天

（2017年時所属）

7章 WBC（ワールド・ベースボール・クラシック）

野球記録の利用　OPSって何？

野球は「記録のスポーツ」ともいわれます。それは、ほかのスポーツと比較して、ひとつひとつのプレーが分かれているため、記録をとることが簡単だからです。そして記録を駆使した、選手のさまざまな能力を表す数値がチームづくりにも活用されているのです。ここでは打者の勝利への貢献度について、近年注目されている「OPS」という能力数値を見てみましょう。

能力の高い打者とはどんな選手ですか。打率の高い選手は「首位打者」、ホームランを多く打つ選手は「本塁打王」、打点をかせぐ選手は「打点王」として表彰されています。これらの数字の高い選手だけが能力の高い打者といえるのでしょうか。

野球は得点の多いほうが勝つというルールですから、得点との結びつきが高いことが能力の高い打者であるといえます。

「OPS（On-base Plus Slugging）」は、出塁率と長打率を足した能力指標です。

※ On-base（出塁）、Plus（＋）、Slugging（長打）

出塁率　いかにアウトにならずに塁に出るかを示す能力

出塁率 ＝（安打＋四球＋死球）÷（打数＋四球＋死球＋犠飛）

ヒットだけでなく、四球や死球も出塁する方法です。四球や死球で塁に出ることは、ヒットと同じくらいに重要なことです。それによりチームの得点力を上げることが可能になるからです。

長打率　1打数あたりの塁打数の平均値が示す能力

長打率 ＝（単打×1＋二塁打×2＋三塁打×3＋本塁打×4）÷ 打数

打者に必要な能力のもうひとつは、いかに効率よく塁をかせぐかということです。シングルヒットを3本つなげて1点を取るより、ホームラン1本で1点を取るほうがはるかに効率的だからです。長打を打てる選手はチームの得点力を上げるうえで重要だということです。

OPSの計算式

OPS＝ 出塁率 ＋ 長打率

出塁率と長打率を足した数値の高い選手が、得点を生み出す能力が高いことがわかってきました。

たとえば、2017年のセ・パ両リーグのOPSの上位3人は以下のとおりです（規定打席以上の選手）。

〈セリーグ〉
1位　鈴木誠也（広島）0.936
2位　筒香嘉智（DeNA）0.909
3位　丸佳浩（広島）0.903

〈パリーグ〉
1位　柳田悠岐（ソフトバンク）1.016
2位　秋山翔吾（西武）0.933
3位　茂木栄五郎（楽天）0.867

柳田選手のOPSを計算してみよう。

[例]　柳田選手のOPSの計算

安打139、四球89、死球7、打数448、犠飛7
単打77、二塁打30、三塁打1、本塁打31

出塁率＝（139＋89＋死球7）÷（448＋89＋7＋7）
　　　＝0.4265

長打率 ＝（77×1＋30×2＋1×3＋31×4）÷ 448
　　　＝0.5893

OPS＝ 0.4265 ＋ 0.5893
　　＝1.0158

柳田選手は、出塁率と長打率の両方で高い数字をあげ、丸選手は四球を選ぶ能力の高さで出塁率が高い。筒香選手は長打率の高いタイプで四球も多いなど、OPSの中身は選手ごとの特徴があります。能力を評価するうえで重要なのは、あくまでも高い率を足し算した答えです。

歴代通算OPSランキング　トップ10
（日本での通算打席4000以上／2017年）

1.	王貞治	1.080
2.	松井秀喜	0.996
3.	A・カブレラ	0.990
4.	落合博満	0.987
5.	イチロー	0.943
6.	タフィ・ローズ	0.940
7.	張本勲	0.9334
8.	ロバート・ローズ	0.9332
9.	中西太	0.9325
10.	小笠原道大	0.929

協力：竹本宏昭

自然相手だからおもしろい冬の戦い

雪の上で競うスポーツ

　雪の上で行うスポーツの代表はスキーです。スキーは、雪のふり積もった山をすべり下りたり、雪上を移動したりする手段として使われていました。スポーツやレジャーとして発展したのは、18世紀ごろの北欧です。

　スキー競技の会場は山間部です。風や雪、気温などの気象条件の変化に大きく左右されます。それが選手をなやませますが、観客はスリリングな展開を楽しめます。

雪の上のスポーツいろいろ

スキー競技は、ノルディックとアルペン、そしてフリースタイルの3つに大別できます。　　※［種目］はオリンピック以外の大会も含む。

ノルディック　ノルディックとは「北欧の」という意味。ノルウェーなど北欧で生まれ、第1回冬季オリンピックから採用された競技。ソチ大会（2014年）、平昌大会（2018年）のノルディック複合で渡部暁斗選手が銀メダルを獲得。［種目］ジャンプ、クロスカントリー、ジャンプとクロスカントリーの両方で競うノルディック複合、クロスカントリーと射撃を組み合わせたバイアスロン。

アルペン　アルペンとは「アルプス山脈の」という意味。北欧で発祥したスキーがアルプス地方に広まり、山脈の急斜面をすべり下りる技術が発展、滑降の速さを競う競技です。第4回冬季オリンピックから採用。［種目］回転、大回転、スーパー大回転、滑降、回転と滑降の両方で競う複合。

フリースタイル　フリースタイルは、宙返りやアクロバティックな演技を交えて滑走する競技。1960年代アメリカで注目され、1979年に国際スキー連盟（FIS）の公認競技となる。平昌大会のモーグルで原大智選手が銅メダルを獲得。［種目］モーグル、エアリアル、ハーフパイプ、スキークロス、スロープスタイルなど。

スキー競技以外の雪の上のスポーツ

スノーボード　アメリカ発祥で、スケートボードを加工して作ったものが起源。オリンピックでは長野大会（1998年）から正式競技。ソチ大会、平昌大会で平野歩夢選手がハーフパイプで銀メダルを獲得。［種目］ハーフパイプ、パラレル大回転、スノーボードクロス、スロープスタイル、ビッグエアなど。

ノルディックとアルペン、フリースタイルの日本選手

　ノルディック複合は、ジャンプの瞬発力とクロスカントリーのスピードと持久力がもとめられ、ヨーロッパではこの競技の王者は「キング・オブ・スキー」とよばれます。オリンピック2大会（1992年アルベールビル、94年リレハンメル大会）で団体金メダルなど大活躍、1992（平成4）年から前人未踏のワールドカップ3連覇をはたした荻原健司選手は、キング・オブ・スキーとして黄金時代をきずきました。

　欧米で人気があるアルペンで

は、猪谷千春選手が1956（昭和31）年、コルチナ・ダンペッツォ大会（イタリア）の回転種目で2位、冬季オリンピックで日本人史上初のメダルを獲得しました。近年、人気が高まっているフリースタイルは、1960年代からアメリカで注目されました。1998年の長野オリンピックで、モーグルの里谷多英選手が、冬季オリンピックでは日本女子として初の金メダルを獲得しました。

日本の名ジャンパー

　日本で人気が高く、活躍する選手の多い競技はジャンプです。飛んだ距離（飛距離）、空中と

着地の姿勢（飛型）をポイント化して競います。オリンピック種目は、ノーマルヒル（男女）、ラージヒル（男子）、ラージヒル団体（男子）があります。

笠谷幸生

　オリンピックでは1964（昭和39）年のインスブルック大会から4大会連続出場。1972年札幌大会の70メートル級（現在のノーマルヒル）で、冬季オリンピック日本人初の金メダルを獲得しました。実況を担当したアナウンサーの「飛んだ、決まった！」というセリフは有名です。このとき銀メダルに金野昭次選手、銅メダルに青地清

8章 ウインタースポーツ

二選手と表彰台を独占し、「日の丸飛行隊」とよばれました。

長野オリンピック組

長野大会（1998年）の「日の丸飛行隊」は、ラージヒルとラージヒル団体で2個の金メダルを獲得。ラージヒル優勝の船木和喜選手はノーマルヒルでも銀メダル。団体は、船木選手のほか岡部孝信選手、斎藤浩哉選手、原田雅彦選手の4人。原田選手はラージヒルでも銅メダルで、リレハンメル大会（1994年）の団体で獲得した銀メダルと合わせ、金銀銅すべてのメダルを獲得しました。

➡ P.25「涙の日の丸飛行隊」

葛西紀明

オリンピックは、アルベールビル大会（1992年）から平昌大会（2018年）まで連続8大会出場、冬季大会の最多出場記録保持者です。リレハンメル大会の団体で銀、20年後のソチ大会でラージヒル銀と団体銅のメダル獲得。2016（平成28）年にワールドカップ個人500試合出場を記録し、いまも記録更新しています。約30年間も第一線で活躍、ジャンプの本場ヨーロッパでも「レジェンド（伝説）」とたたえられています。

高梨沙羅

ワールドカップで4度の個人総合優勝、歴代最多タイの53勝（2018年1月時点）、女子ジャンプの第一人者です。女子ジャンプが正式種目となった最初のソチ大会（2014年）では4位、4年後の平昌大会では銅メダルを見事に獲得しました。

写真：毎日新聞社／アフロ

札幌オリンピックの70m級ジャンプで優勝した笠谷幸生選手のジャンプ。

笠谷選手と葛西選手の飛び方がちがうね。

スキー板の先の開き方がちがうね。「V字姿勢」というんだよ。

オリンピック8大会連続出場、ワールドカップ500試合出場などの記録を更新し続ける葛西紀明選手のジャンプ。

写真：YUTAKA／アフロスポーツ

氷上は摩擦との戦い。道具の進化にも注目

氷の上でスピードを競う

氷の上で行うスポーツの代表はスケート。起源は石器時代にさかのぼり、氷の上の移動手段だったといわれています。底に鉄の刃をつけたスケート靴をはいたスポーツとして発展したのは18世紀以降です。スピードスケートやフィギュアスケート、19世紀にはアイスホッケーが誕生しました。

スピードや得点を競う競技のいろいろ

スケート靴をはく競技

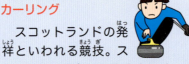

スピードスケート

陸上のトラック競技と同様にタイムを競う競技です。1周400mのコースを、二人の選手がインコースとアウトコースに分かれて同時にスタートして競う、「ダブルトラック」方式が採用されています。日本人選手は、スタートダッシュやコーナリングの技術がものをいう短距離に強く、欧米人選手は、体格や持久力が必要な長距離に強い傾向にあります。
［個人種目］冬季オリンピックでは、男女の500m・1000m・1500m・5000m・マススタート、男子1万m、女子3000mなど。［団体種目］1チーム3人で構成される「団体追いぬき（チームパシュート）」。

ショートトラック

1周約111mのきついコーナーを何度も回ります。小柄なアジア系の選手の活躍が目立ちます。1998年の長野大会では西谷岳文選手が500mで金メダルを獲得しました。

アイスホッケー

〝氷上の格闘技〟とよばれ、ぶつかり合いが魅力の競技。
1チームはゴールキーパーをふくむ6人で構成され、ゴムでできた円盤状のパックを専用のスティックで打ち合い、相手ゴールをめざします。北米、北中欧の国々が強い競技です。
男子の日本代表は、オリンピックになかなか出場できませんが、女子日本代表「スマイルジャパン」は平昌オリンピックに出場しました。

スケート靴をはかない競技

> 平昌オリンピック（2018年）で女子チームが銅メダルを獲得したよ。

カーリング

スコットランドの発祥といわれる競技。ストーンという丸い石を氷上にすべらせ、目標とする円の中心に近づけて、得点を争います。男女ともカナダや北欧の国が強豪国です。

ソリに乗る競技

氷を張った1300mから1500mほどのコースを滑走しタイムを競う競技。いずれも時速100km以上に達するスリルのある競技です。

ボブスレー

流線形のカバーがついた鋼鉄製のソリを使います。2人乗りか4人乗り。

リュージュ

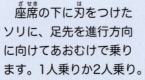

座席の下に刃をつけたソリに、足先を進行方向に向けてあおむけで乗ります。1人乗りか2人乗り。

スケルトン

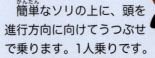

簡単なソリの上に、頭を進行方向に向けてうつぶせで乗ります。1人乗りです。

写真:PIXTA

▲ボブスレーのスタート。写真は4人乗り。

氷上のスポーツはすべて滑る競技ですから、氷との摩擦抵抗が勝敗の決め手になります。そのため、靴や道具の研究も盛んに行われ、その進化を見るのも楽しみなものです。

日本の名選手たち ——スピードスケート

鈴木恵一

1960年代から短距離で活躍。1968（昭和43）年と70年には500mで3度の世界新記録を出し、コーナーを回る技術には世界がおどろかされました。
3度出場したオリンピックではメダルにとどかず、悲運の名スプリンターといわれました。

黒岩彰

短距離の500mと1000mで活躍した選手。多くのスケート選手を生んだ群馬県嬬恋村で中学時代から活躍。1983（昭和58）年、世界スプリント選手権で日本人初優勝。翌84年のサラエボ・オリンピック男子500mでは金メダル候補でしたが10位に終わります。このときの男子500mでは日本の北沢欣浩選手が銀メダルを獲得、スケート競技で日本初のメダリストとなりました。

8章　ウインタースポーツ

写真：渡辺正和/アフロスポーツ

清水選手はスピードスケートで日本で最初の金メダリストだね。

こんな低い体勢でよく滑ることができるね。

▲清水宏保選手。強い足腰が支えた低い体勢からのダッシュ、スピードに乗る「ロケットスタート」で金メダルを獲得。写真は1998年の長野オリンピックのスピードスケート男子500mの2回目の滑走の様子です。

黒岩選手は1987年に世界スプリント選手権で2度目の優勝、翌年のカルガリー・オリンピック500mでは自己ベストの記録を出して、銅メダルを獲得しました。

清水宏保

おもに500mで活躍。小柄ながら、前半から勢いよく飛び出し加速する「ロケットスタート」で大柄な欧米の選手を破り、世界記録を4回更新。世界スプリント選手権でも5回優勝しています。1998（平成10）年の長野オリンピックでは500mで金、1000mで銅、2002（平成14）年のソルトレイクシティ・オリンピックでは500mで銀メダルを獲得しました。

スケート選手としては初のプロ宣言をした選手です。

小平奈緒

500m、1000mで活躍、ワールドカップの勝利数では日本女子の歴代最多を記録している選手です（2018年1月時点）。

2010（平成22）年のバンクーバー・オリンピックでは、団体追いぬき（パシュート）種目で銀メダル。その後、オランダに練習拠点を移すと、2017年の世界スプリント選手権で総合優勝。世界新記録も出し、2018年の平昌オリンピックでは、500mで金、1000mで銀メダルを獲得しました。

スピードスケートの日本代表選手がオリンピックで獲得したメダル一覧

1984 サラエボ	北沢欣浩	500m銀
1988 カルガリー	黒岩彰	500m銅
1992 アルベールビル	黒岩敏幸	500m銀
	井上純一	500m銅
	宮部行範	1000m銅
	橋本聖子	1500m銅
1994 リレハンメル	堀井学	500m銅
	山本宏美	5000m銅
1998 長野	清水宏保	500m金
	清水宏保	1000m銅
	岡崎朋美	500m銅
2002 ソルトレイクシティ	清水宏保	500m銀
2010 バンクーバー	長島圭一郎	500m銀
	加藤条治	500m銅
	小平奈緒 田畑真紀 穂積雅子	団体パシュート銀
2018 平昌	小平奈緒	500m金
	小平奈緒	1000m銀
	高木美帆	1000m銅
	高木美帆	1500m銀
	高木美帆 高木菜那 佐藤綾乃 菊池彩花	団体パシュート金
	高木菜那	マススタート金

（2018年2月現在）

43

氷上の華麗な演技。表情や衣裳にも注目

氷の上で技を表現する

フィギュアスケートは、氷上でいろいろな技を盛りこんで演技を構成するスポーツです。音楽にあわせて舞うような一見すると優雅に見える演技ですが、じつはとても激しいスポーツなのです。ジャンプやスピン、ステップなどの技の種類も見比べて観戦すると、より楽しめるかもしれません

採点競技のフィギュアスケート
音楽に乗せて滑走しながら、スピン、ステップ、ジャンプなどの技を組み合わせ、技の完成度と演技の構成力によって得点を競います。
[種目] オリンピックでは、男女のシングル、ペア、アイスダンスがあり、2014年のソチ大会からは団体も加わりました。

日本の名選手たち ─フィギュアスケート

伊藤みどり
"ジャンプの申し子"とよばれ、芸術性が重視されてきた女子フィギュアスケート競技にジャンプの魅力を知らしめた変革者。3回転−3回転のコンビネーションジャンプに女子として初めて成功。1989（平成元）年、パリの世界選手権で世界初のトリプルアクセル（3回転半ジャンプ）を成功させて優勝、日本選手初の快挙でした。1992年アルベールビル・オリンピックでは銀メダル。

荒川静香

フィギュアスケート競技で日本選手初のオリンピック金メダリスト。2006（平成18）年のトリノ大会で、上半身を大きくそらせ、両足のつま先を180度開いて真横にすべる技「レイバック・イナバウアー」を披露し、観衆の喝采をあび、ほぼノーミスの演技で高得点。見事に優勝し、「イナバウアー」は流行語になりました。世界選手権も優勝1回。

安藤美姫
女子で公式に初めて4回転ジャンプを跳び、ダイナミックな演技に定評があった選手。世界選手権2回優勝。とくに東日本大震災のため東京からモスクワに変更して開催された2011年は、浅田真央選手やキム・ヨナ選手（韓国）を破って優勝。

浅田真央
10代から国際大会で大活躍、美しいスピンやステップ、トリプルアクセルを武器に、世界選手権3回とグランプリ（GP）ファイナル4回の優勝、2010（平成22）年バンクーバー・オリンピックでは銀メダルを獲得しました。2014年、金メダルの期待がかかるソチ・オリンピックのショートプログラムでミスを連発しますが、翌日フリー演技で女子史上初の3回転ジャンプ全6種類、計8度の着氷に成功し、観客を魅了しました。

高橋大輔
2010（平成22）年のバンクーバー・オリンピックで銅メダル。世界選手権では銀メダル獲得。豊かな表現力で観客を魅了し、人気を集めました。

ビールマンスピン
ビールマンスピンは、1981年の世界選手権で優勝したスイス出身のデニス・ビールマン選手が広めたスピンの技です。身体の柔軟性が必要な難しい技で、当時の観客は総立ちになって拍手を贈りました。現在では女子だけなく、男子選手も取り入れています。

*イナバウアー　ドイツのスケート選手イナ・バウアーの名前をとった技

8章 ウインタースポーツ

浅田真央選手の大ジャンプ、トリプルアクセル（3回転半）。
（2014年ソチ・オリンピックのフリー演技）。　写真：毎日新聞社

羽生結弦

　2014（平成26）年のソチ・オリンピック金メダリスト。世界選手権で2回、グランプリファイナルで4回優勝（2018年2月現在）。大会3か月前に負った足のけがを克服して出場した2018年の平昌オリンピックでは、金メダルを獲得して大会2連覇を果たし、銀メダルの宇野昌磨選手とともに、表彰台に立ちました。まだ若い羽生選手は、これからもすばらしいスケートを見せてくれるはずです。

フィギュアスケートのジャンプの見方

　フィギュアの技術要素（エレメンツ）で重要なジャンプ。ジャンプには6種類があり、①〜③のふみ切りの仕方を見れば、ちがいがわかります。①後ろ向きか、前向きか。②エッジ（刃の底の部分）か、トウ（つま先）か。③右足か左足か（＊まれに動作を反対の足で行う選手もいる）。

アクセル　前向きで左足で滑走し、左足の外側のエッジでふみ切り、右足で着氷。1回転半がシングルアクセル。アクセルはもっとも難易度が高いジャンプ。女子では浅田真央選手のように3回転半を跳べる選手はわずか。

フリップ　左足内側のエッジに乗って後ろ向きで滑走、右足のトゥをついてふみ切る。ルッツとのちがいは、滑走時のエッジの乗り方が内側か外側かだけ。フリップとルッツのちがいがわかったら、「フィギュア通」。

サルコウ　後ろ向きで滑走し、トゥを使わずに左足内側のエッジでふみ切る。ふみ切りの瞬間、内股が「ハ」の字になるのが特徴。安藤美姫選手が、女子で初めての4回転ジャンプを決めて話題になった。

ルッツ　左足外側エッジに乗って後ろ向きに滑走し、右足のトゥをついてふみ切る。滑走してきた軌跡と反対の回転をかけてふみ切る、難しいジャンプ。フリップと見分けにくい。

ループ　右足外側のエッジに乗って後ろ向きで滑走し、トゥを使わずに右足でふみ切る。ジャンプ直前にイスに腰かけた姿勢になるのが特徴。難易度が低いので、コンビネーションジャンプの2番目に跳ぶことが多い。

トウループ　右足外側のエッジに乗って後ろ向きで滑走し、左足のトゥをついてふみ切る。滑走してきた軌跡を利用して跳ぶので、跳びやすい。男子の4回転、コンビネーションジャンプの2番目によく跳ぶジャンプ。

※ジャンプの解説はすべて左回り（反時計回り）の場合です。

さくいん

青字はスポーツ競技・種目名

あ

アイスホッケー……………… 24, 42
アイスマン…………………………… 33
アクセル…………………………… 45
浅田真央 …………………… 44, 45
アシスト…………………………… 30
アパルトヘイト………………… 14
アマチュア………………………… 23
荒川静香…………………………… 44
新城幸也…………………………… 31
アルペン…………………………… 40
アンデルセン（ガブリエラ）… 24
安藤美姫…………………………… 44
猪谷千春…………………………… 40
伊藤みどり………………………… 44
イナバウアー……………………… 44
イングランド………………… 6, 15
ウィンブルドン … 5, 32, 34, 35
ウェールズ………………………… 15
宇野昌磨…………………………… 45
エース……………………………… 30
エドバーグ（ステファン）…… 35
オーエンス（ジェシー）……… 27
太田雄貴…………………………… 25
荻原健司…………………………… 40
OPS………………………………… 39
オープン化………………………… 14
オールブラックス………………… 14
オールラウンドプレー………… 35
オフサイド………………………… 10
オリンピア………………… 20, 21
オリンピック……… 5, 12, 20,
　22, 24, 26, 28, 40, 43, 44
オリンピック憲章……………… 23

か

カーリング………………………… 42
カーワン（ジョン）……………… 17
外国出身…………………………… 17
外国人選手………………………… 38
開催国………………………… 7, 15
開催地……………………………… 23
開催費用…………………………… 23
郭晶晶……………………………… 26
葛西紀明…………………………… 41
笠谷幸生…………………………… 40

か（続き）

加藤沢男…………………………… 27
神の手………………………………8
北島康介…………………………… 27
競泳………………………………… 25
競技種目…………………………… 28
キリー（ジャン・クロード）… 26
キング・オブ・スキー………… 40
キング・ペレ………………………8
クーベルタン（ピエール）…… 20
クライフ（ヨハン）………………8
クラマー（デットマール）…… 12
クレーコート………………… 33, 35
クロスカントリー………………… 40
黒岩彰………………………… 42, 43
ケイノ（キプチョゲ）………… 26
皇帝（カイザー）…………………8
国際オリンピック委員会（IOC）

　………………………………… 20
国際サッカー連盟…………………6
国際テニス連盟（ITF）…… 35
国際ラグビーフットボール評議会… 14
国籍…………………………… 17, 21
古代オリンピック……………… 21
小平奈緒…………………………… 43
5人ぬきドリブル…………………8
コマネチ（ナディア）………… 26
五郎丸歩…………………………… 16

さ

サッカー… 4, 6, 8, 10, 12, 25
佐藤次郎…………………………… 34
里谷多英…………………………… 40
サルコウ…………………………… 45
沢松和子…………………………… 34
Jリーグ…………………………… 12
時差…………………………… 10, 11
システム…………………………… 10
自転車競技………………………… 31
芝生のコート … 32, 33, 34, 35
清水善造…………………………… 34
清水宏保…………………………… 43
ジャパンウェイ………………… 16
ジャボチンスキー（レオニド）26
ジャンプ（スキー）……… 25, 40
ジャンプ（フィギュアスケート）

　………………………………… 44, 45

さ（続き）

出場回数………………………… 7, 15
出場国（サッカー,ラグビー,WBC）

　………… 7, 11, 15, 19, 38
出塁率……………………………… 39
商業化……………………………… 23
商業主義……………………………6
ショートトラック……………… 42
ジョーンズ（エディ）………… 16
スキー……………………………… 40
杉山愛……………………………… 34
スクラム……………………… 16, 18
スケート…………………………… 42
スケルトン………………………… 42
スコットランド……… 15, 16, 17
鈴木恵一…………………………… 42
ステージ（ステージレース）… 30
スノーボード……………………… 40
スピードスケート………… 42, 43
スピッツ（マーク）……………… 27
政治に利用…………………………6
世界スプリント選手権………… 43
世界野球ソフトボール連盟

　…………………………… 36, 38
全豪オープン…………… 32, 34, 35
センターコート………………… 33
全仏オープン…………… 32, 34, 35
全米オープン…………… 32, 34, 35
ソープ（イアン）………… 25, 27
空飛ぶオランダ人…………………8

た

ダーリ（ビョルン）…………… 26
第1回オリンピック…………… 20
第1回WBC大会………………… 36
第1回ラグビーワールドカップ 14
第1回ワールドカップ（サッカー）6
大リーグ…………………………… 36
高梨沙羅…………………………… 41
高橋大輔…………………………… 44
高橋尚子…………………………… 26
卓球…………………………………5
タックル…………………………… 18
伊達公子………………… 32, 33, 34
WBC（ワールド・ベースボール・
　クラシック）…………… 36, 38
団体追いぬき（パシュート）… 43

チェコスロバキア……………24
チャスラフスカ（ベラ）………26
長打率………………………39
ツール・ド・フランス……4, 30
綱引き………………20, 21
テニス………………5, 32, 34
冬季オリンピック……23, 40, 42
東京オリンピック（1940年）…12
東京オリンピック（1964年）
………………………12, 24
東京オリンピック（2020年）
………………23, 28, 31
東西冷戦………………22, 24
トウループ…………………45
トータル・フットボール………8

な

長野オリンピック…………25, 41
なでしこジャパン………13, 25
錦織圭…………………34, 35
日本サッカー協会……………12
日本代表監督（サッカー）……13
日本野球機構（NPB）………36
ネイマール…………………27
ネットプレー………………35
ノルディック………………40
ノルディック複合……………40

は

ハードコート………………33, 35
バイアスロン………………40
ハイデン（エリック）…………27
バスケットボール……………24
羽生結弦……………………45
原田雅彦………………25, 41
バレーボール………………24
番狂わせ（アップセット）
………12, 16, 25, 35
万国博覧会…………………21
ハンセン（フレッド）…………24
ビールマンスピン……………44
ビキラ（アベベ）……………26
日の丸飛行隊…………25, 41
平尾誠二……………………17
フィギュアスケート………42, 44
フェデラー（ロジャー）…5, 35

フェルプス（マイケル）…25, 27
フェンシング………………25
フォーメーション……………10
船木和喜………………25, 41
フリースタイル………………40
フリーマン（キャシー）………26
フリップ……………………45
プロ……6, 12, 14, 36, 38, 43
平和の祭典…………20, 21, 22
ベースラインプレー…………35
ベッカー（ボリス）……………35
ベッケンバウアー（フランツ）…8
ペナルティゴール………16, 18
ベルリンの奇跡………………12
ペレ…………………………8
棒高跳び……………………24
ポジション…………………18
ボブスレー…………………42
ボルグ（ビヨン）……………33
ボルト（ウサイン）……………27

ま

マイアミの奇跡………………25
マイヨジョーヌ………………30
松岡修造……………………34
マッケンロー（ジョン）…33, 35
マラソン……………………24
マラドーナ（ディエゴ）…………8
三木龍喜……………………34
ミドル・サンデー……………32
ミュンヘンの奇跡……………24
ムッソリーニ…………………6
名勝負…………………24, 33
名選手………8, 9, 26, 42, 44
モーグル……………………40

や

野球……………………36, 38
四大大会（グランドスラム）32, 35

ら

ラインアウト…………………18
ラグビー……………14, 16, 18
ラグビー日本代表……………17
ラグビーワールドカップ2019 18
立候補………………………23

リベロ………………………8
リメ（ジュール）………………6
リュージュ…………………42
ルイス（カール）……………27
ループ………………………45
ルール……………10, 18, 37
ルッツ………………………45
ロードレース………………30, 31

わ

ワールドカップ（サッカー）
………4, 6, 8, 10, 12, 14
ワールドカップ（スキー）40, 41
ワールドカップ（スケート）…43
ワールドカップ（ラグビー）
………………14, 16, 18
ワールドシリーズ……………36

図表一覧

サッカーワールドカップの出場国・地域【地図】7
サッカーワールドカップ歴代大会のベスト4　7
サッカーワールドカップに出場したおもな名選手
たち……………………………9
サッカーワールドカップに出場できなかった名選
手たち…………………………9
サッカーワールドカップ2018の出場国・地域を
調べてみよう…………………11
サッカー日本代表のおもな監督………13
サッカー日本代表略年表【年表】………13
ラグビーワールドカップ出場国・地域【地図】15
ラグビーワールドカップ歴代大会のベスト4　15
ラグビーワールドカップの日本の成績……17
ラグビーワールドカップ2019の出場国・地域
…………………………19
ラグビーワールドカップ2019の開催地【地図】
…………………………19
オリンピックの開催地（夏季・冬季）【地図】22
2020東京オリンピック競技種目一覧………28
ツール・ド・フランスのステージ（2017年）【地
図】…………………………31
東京オリンピックの自転車ロードレースのコース
【地図】………………………31
ウィンブルドン大会シングルス優勝回数ベスト5
（男子・女子）…………………33
シングルスで年間グランドスラムを達成した選手
…………………………35
WBC出場国【地図】………………38
2017年WBCに出場した日本プロ野球の外国人
選手…………………………38
歴代通算OPSランキング トップ10…………39
スピードスケートの日本代表選手がオリンピック
で獲得したメダル一覧………………43

監修：中西哲生（なかにし・てつお）
1969年、愛知県出身。スポーツジャーナリスト、サッカー解説者。元プロサッカー選手。「サンデーモーニング」（ＴＢＳ）「中西哲生のクロノス」（TOKYO FM等JFN系列）などテレビ・ラジオで活躍中。著書に『不安定な人生を選ぶこと』『新・キックバイブル』（いずれも、幻冬舎）『日本代表がW杯で優勝する日』（朝日新聞出版）、共著書に『魂の叫びＪ２聖戦記』（金子達仁・戸塚啓共著、幻冬舎文庫）『ベンゲル・ノート』（戸塚啓共著、幻冬舎）など。

執筆グループ
千田 善（ちだ・ぜん）
1958年、岩手県出身。国際ジャーナリスト。イビツァ・オシム氏のサッカー日本代表監督就任にともない専任通訳を務める。著書『ユーゴ紛争』（講談社現代新書）、『ワールドカップの世界史』『オシムの伝言』（いずれも、みすず書房）、『ユーゴ紛争はなぜ長期化したか』（勁草書房）『世界に目をひらく』（岩崎書店）など。

西戸山 学（にしとやま・がく）
1951年、大分県出身。出版社勤務を経て、フリーライター。歴史・地理関係の書籍執筆。著書『行基と大仏』（岩崎書店）など。

小松卓郎（こまつ・たくお）
1961年、北海道出身。おもに歴史・スポーツ・医学・宗教関係の編集人として書籍出版多数。

デザイン
本文／柳 裕子　表紙／村口敬太（スタジオダンク）

イラスト・図版
柳 裕子　板垣真誠　木川六秀

企画・編集・制作
キックオフプラス（小松亮一　すずきしのぶ）　倉部きよたか

写真提供
カバー・表紙：YUTAKA/アフロスポーツ
本扉：PIXTA

スポーツでひろげる国際理解
④世界をひとつにする国際大会
〜オリンピック・ワールドカップなど

2018年3月　初版第1刷発行
監修者　中西哲生
発行者　水谷泰三
発行所　株式会社 文溪堂

〒112-8635　東京都文京区大塚3-16-12
　　　ＴＥＬ　営業（03）5976-1515　編集（03）5976-1511
　　　ホームページ　http://www.bunkei.co.jp
印刷・製本　図書印刷株式会社
乱丁・落丁は郵送料小社負担でおとりかえいたします。定価はカバーに表示してあります。
©Tetsuo Nakanishi & BUNKEIDO Co.,Ltd　2018　Printed in Japan
ISBN978-4-7999-0259-2　NDC780　48p　293×215mm

スポーツのグローバリゼーションと ナショナリズムがわかると、 世界がわかる！

スポーツでひろげる国際理解 （全5巻）

監修：中西哲生 （スポーツジャーナリスト）

●スポーツを多角的な視点から紹介し、その力について考えてもらうシリーズ。スポーツの歴史がまとまって解説してあり、調べ学習のテーマとしても役立ちます。

● 2018年のサッカー、2019年のラグビーの各ワールドカップ、2020年の東京オリンピック・パラリンピック…と次々と開かれるビッグイベントでの国際交流のヒントがいっぱい。

●スポーツの楽しい面はもとより、スポーツの人種差別の歴史や、現在でも問題になっているヘイト問題など、今日的な課題も取り上げ、それをスポーツの側からどうのりこえていくか…子どもたちに考えてもらう内容です。

●オリンピック・パラリンピックをはじめとするワールドイベントで、よくいわれるスポーツ＝国威発揚といったナショナリズムの問題と、それだけではおさまりきらない、最近の海外で活躍する日本人選手や外国のチームの指導をする日本人コーチ、海外留学する日本の若者などに見られる、スポーツのグローバリゼーションの側面も捉えた内容は、子どもたちの興味関心を大いに引き出します。

●パラリンピックをはじめ、知っているようで知らない障がい者スポーツのあれこれについても子どもたちにわかりやすく解説、見るだけでなく、体験することを通じてスポーツを通じたバリアフリーについても理解を深め、他人事ではなく自分の事として考えて行動する素地を養えます。

各巻構成

A4変判
各48ページ
NDC780
（スポーツ）

1 どこでどうはじまった？ スポーツ
2 差別をのりこえていくスポーツ
3 国境をこえるスポーツ
4 世界をひとつにする国際大会
　　～オリンピック・ワールドカップなど
5 知ろう・やってみよう障がい者スポーツ